Arobed Assiah

Tashi
Malachit und Moldavit

novum pro

Bibliografische Information der Deutschen Nationalbibliothek:	© 2021 novum Verlag
Die Deutsche Nationalbibliothek verzeichnet diese Publikation in der Deutschen Nationalbibliografie. Detaillierte bibliografische Daten sind im Internet über http://www.d-nb.de abrufbar.	ISBN 978-3-99107-172-3 Lektorat: Tobias Keil Umschlagfotos: 2day929, Isselee, Vladislav Gajic, James Nemec | Dreamstime.com Umschlaggestaltung, Layout & Satz: novum Verlag
Alle Rechte der Verbreitung, auch durch Film, Funk und Fernsehen, fotomechanische Wiedergabe, Tonträger, elektronische Datenträger und auszugsweisen Nachdruck, sind vorbehalten.	Gedruckt in der Europäischen Union auf umweltfreundlichem, chlor- und säurefrei gebleichtem Papier. **www.novumverlag.com**

Keuchend rennt Tashi durch das Dimensionen-Tor, das die Menschenwelt, also die sichtbare, mit den unsichtbaren Welten und Herrscherreichen verbindet. Dieses Dimensionen-Tor ist aus Plasmaflüssigkeit gefertigt und nur für Eingeweihte frei zugänglich und passierbar.

Der riesige herrschaftliche Weltenbaum, Tashis Freund, Mentor und Gefährte, beginnt sofort mit seiner üppigen Blätterpracht zu rascheln. Seine liebste Freundin Klara, das wunderschönste Huhn, das man sich nur vorstellen kann, rennt aufgeregt auf Tashi zu. So aufgebracht wie heute kennt sie ihren Lieblingsmenschen gar nicht!

Die Amsel, die schon länger im großen Weltenbaum wohnt und sich gemütlich im Geäst eingenistet hat, hört auf zu singen, sie rennt nervös von einem Ast zum anderen, um Tashi besser sehen zu können. Seine Unruhe und das Keuchen hat sie ja schon von weitem gehört!

„Aber Tashi, du meine Güte, was ist denn geschehen?"

Klara flattert um den schwer atmenden Tashi. Sein Gesicht ist ganz rot angelaufen.

Er beugt sich nach vorne, stützt die Hände auf die Knie, um besser durchatmen zu können. Er winkt ab, er kann noch gar nicht reden.

Tashis Sternenmutter, Besucherin aus den unsichtbaren Königreichen, kommt langsam auf ihn zu. Sie hat bei der versteinerten Ahnenbank auf seine Ankunft gewartet. Nun steht sie neben Tashi, schaut fragend in den hohen, sich regenden Baum, der wie eine große Kraftsäule aufrecht steht und sie anlächelt.

Vielleicht weiß der Baum, was mit Tashi los ist?

Der Baum strahlt großen Frieden und Gelassenheit aus, so leicht lässt er sich nicht aus der Ruhe bringen! Die Sternenmutter erwidert das Lächeln des Weltenbaumes, zuckt mit den Schultern, atmet tief ein, schaut zurück zu Tashi. Mit ihren schlanken Händen streicht sie sanft über den gebeugten Rücken des schwer atmenden Jungen.

Der von Kraft strotzende Baum beginnt unaufgefordert mit seinen Ästen Tashis Energiefeld zu reinigen. Tashi lässt das gerne geschehen. Es hilft ihm, den Atem zu regulieren und sich schneller zu erholen. Der große Weltenbaum nimmt ihn ganz in seinem Schoß auf und erinnert Tashi an seine eigene Verbindung zum Himmel wie zur Erde. Krone, also Kopf im Himmel und Füße in die Erde verwurzeln. Eben wie ein Baum das tut ...

Diese Erinnerung zaubert ein Lächeln auf sein erhitztes Gesicht, er nimmt das Geschenk seines Freundes sofort an und beruhigt sich etwas. Der Baum grinst und spielt mit Tashis durcheinandergeratenen Haaren. Die Blätter singen eine Melodie, um ihn schnellstmöglich zurück in sein harmonisches Bewusstsein einzuschwingen. Die Beziehung zu seiner eigenen Natur, die mit dem Hüter aller Zeiten übereinstimmt, dem Baum des Lebens, wird so wiederhergestellt.

Die Sternenmutter fragt vorerst noch nichts, sie führt ihn sanft zu seinem absoluten Lieblingsort, nämlich zur wunderschönen Ahnenbank. Dort setzt sie sich hin und zieht ihn an ihre Seite. Liebevoll streicht sie Tashi über die verschwitzten Haare. Klara setzt sich zu seinen Füßen, ihre langen traumhaften weißen, leicht silbrig glänzenden Federn hinter sich herziehend und sie fragt ihn ein zweites Mal:

„Nun, erzähl uns, was dich bedrückt. Da scheint sich ja viel Zoff-Energie angesammelt zu haben! Wir sind doch alle hier, um dir zu helfen!"

Klara schwadert mit ihren herrlich weißen Flügeln, um ihm zuzufächeln.

„Klaaara! Du bist so ungeduldig!"

Er winkt ihr zu und berührt ihren Flügel, um zu zeigen, dass er es nicht böse meint. Schließlich kennt er ihr überschwängliches Gemüt und ihre große Neugierde an allem, was ihn betrifft. Klara fühlt mit ihm und manchmal sogar auch für ihn.

Tashi lehnt sich an die Sternenmutter, die geduldig wartet, bis er sich gefangen hat und den Atem wiederfindet.

„Sternenmutter, Klara, ach meine Freunde! Ich halte das momentan fast nicht mehr aus in der Menschenwelt. Es ist einfach alles Scheiße. Die Schule macht überhaupt keinen Spaß mehr, das dauernde Piesacken ist ziemlich aus dem Ruder gelaufen. Auch zuhause – die reinste Kakophonie, rechts, links und überall, wohin man sich wendet."

Er stößt ein Grummeln aus, atmet laut und heftig und erzählt frustriert weiter.

„Bloß, weil ich nicht in das Gesellschaftsmuster passe und mich nicht unterkriegen lasse, wird man trotzdem immer wieder angegriffen. Ich glaube, ich bin einfach zu filigran für dieses raue, unterbelichtete Bewusstsein dieser Welt."

Tashi seufzt, niemand unterbricht ihn. Seine Freunde spüren, dass er noch nicht fertig erzählt hat, er muss sich richtig ausleeren können.

Der weise Baum lässt ein paar Blätter zu ihm hinfallen, um ein Zeichen seiner Freundschaft zu statuieren. Tashi bedankt sich, hebt die Blätter auf und spielt gedankenverloren mit ihnen herum. Etwas ruhiger murmelt er weiter:

„Ich habe mich stark zurückgezogen, mich ein wenig in mich selbst verkrochen, um mich zu schützen. Es scheint sich etwas verändert zu haben, denn selbst meine Freunde sind nicht mehr so gut drauf, auch sie werden nicht mehr richtig ernst genommen. Und meine Menscheneltern streiten sich in letzter Zeit öfters. Die häusliche Atmosphäre ist auch im Eimer, das Spannungsfeld ist schwer zu ertragen. Es kriselt heftig! Ich schaffe es nicht mehr, die Energien aufrechtzuerhalten. Ich kann ihnen auch nicht helfen, sie hören gar nicht mehr richtig hin. Sie sind gefangen in ihrer Erwachsenenwelt. Ich habe versucht mit meiner Erdenmutter über meinen Freund, den Baum, zu reden. Ich dachte, das würde ihr guttun und sie etwas aufheitern. Sie hat mich lange mit glanzlosen Augen angeschaut. Als ich von Klara erzählen wollte, hat sie gelacht und sich über lebhafte Phantasie geäußert. Einfach voll Sch…Sch…Scheiße!"

Nach ein paar Atemzügen:

„Warum habe ich mir diese Eltern ausgesucht? Oder sie mich? Ich bin müde, ich bin traurig, das Spielen, das Fröhlichsein fehlen mir so. Ich musste heute einfach hierher kommen, um euch zu sehen."

Geistesabwesend spielt er mit dem Blatt des Baumes und scharrt mit den Füßen im Gras herum. Dann murmelt er weiter.

„Ich weiß, Sternenmutter, du hast mir erklärt, dass ich nicht für meine Eltern verantwortlich bin. Aber so ist es ja auch nicht schön, mit der Familie zusammen zu sein oder überhaupt Zeit zuhause zu verbringen. Es fühlt sich gar nicht mehr richtig wie ein willkommenes Zuhause an! Ach Mist, überall Missklang, ich hab's gründlich über. Kann ich nicht bei euch bleiben, in unserem gemeinsamen Reich, Sternenmutter?"

Er seufzt schwer und unterdrückt das Weinen, das nach Erlösung sucht. Leise flüstert ihm die Sternenmutter aufmunternde Worte zu, während sie ihm weiterhin beruhigend über den Rücken streicht.

„Es ist gut so, wie es ist. Du wirst dich bei uns wieder auftanken und mit frischem Mut, vielen neuen Erkenntnissen und Freude zurückkehren!"

Sie küsst ihn auf den Scheitel und beginnt eine leise Melodie zu summen. Auch die Amsel beginnt ihr heilendes Lied zu singen und der Baum weht ein paar kleine dünne vorwitzige Äste zu ihm hin, um die Sorgen und die Traurigkeit wegzuwehen.

Das Summen seiner Sternenmutter beruhigt ihn ungemein, er entspannt sich und döst leise vor sich hin.

„Durch die Unwissenheit bleiben die Menschen in ihrer Trägheit stecken. Hab Geduld mit deinen Menschen Tashi. Die Verfeinerung und Erkenntnis brauchen nicht nur Zeit, sie brauchen auch Mut, um sich verändern zu wollen!"

Tashi berührt die Hand seiner Mutter, um sich für ihre schönen Worte zu bedanken.

Was für ein Unterschied von seiner Menschenwelt des Nichtverstanden-Werdens zu seinem Kraftort und seiner Sternenfamilie, wo man einfach sein darf, wer man ist! Wo man im Sosein, im Einzigartigsein akzeptiert wird.

Er fühlt sich sofort besser. Ihre Worte scheinen heilende Kraft auszustrahlen. Sie weiß immer alles so einfach auf den Punkt zu bringen. Ihre Worte sind liebe- und auch verständnisvoll. Er lächelt dankbar, schließt die Augen ganz und verfällt in ein kleines Nickerchen.

Derweil sein großartiges Team, bestehend aus eben seiner Sternenmutter, seinen Wächtern Nga und Waka, Klara und dem Baum selbst, hat geholfen, aus Lianen eine Schwinge aufzuhängen.

Nach getaner Arbeit beglückwünschen sie sich gegenseitig. Klara geht zurück zur Ahnenbank und rüttelt Tashi sanft aus seinem Erholungsschläfchen. Sie schubst ihn dabei mehrmals zärtlich mit ihrem Schnabel. Er guckt sie halbverschlafen und noch etwas belämmert an.

„Guck, was wir für dich gemacht haben. Geh schaukeln im Baum! Das schwingt alles wieder in Harmonie und dann bist du bereit für dein nächstes Abenteuer mit uns."

Er setzt sich auf, Klara zeigt mit ihren Flügeln auf die Konstruktion und er bewundert die Schaukel, die ziemlich abenteuerlich im tiefen Geäst des herrlichen Baumes hängt.

Nach angemessener Begutachtung steht er auf und die Sternenmutter führt ihn zum Baum, der ihm hilft, sich auf die hoch gelegene Schaukel zu setzen.

„Oh toll, das habt ihr aber schnell hingekriegt. Oder habe ich echt so lange geschlafen? Ja, das wird mir guttun. Genau das hat mir gefehlt, Leichtigkeit und mit Gleichgesinnten zusammen zu sein. Ach ist das herrlich wieder mit euch zu sein! Vielen Dank auch!"

Wobei er Kusshände verteilt und sich über die Schaukel freut, vor allem, weil sie tief im Baum, seinem Freund, hängt. Er seufzt aus den Tiefen seines Wesens und nimmt die Melodie des Liedes, das die Sternenmutter bei seiner Ankunft gesungen hat, wieder auf. Er summt sie leise und fröhlich vor sich hin, während er hoch oben im Baum hin und her schaukelt.

Der Wind saust durch die Blätter und spielt wunderbare Musik. Der Wind bringt auch neue Nachrichten, die erst entschlüsselt werden müssen.

Klara stolziert friedlich auf dem großen Ast, an dem die Lianen angemacht sind. Jedes Mal, wenn Tashi nach vorne schaukelt, quietscht es leise von der Liane, die am Baum hin und her schürft.

Das Rauschen des Windes verschluckt Tashis Summen. Aber das macht nichts. Er ist froh, dass alle Spinnweben aus seinem Energiefeld geblasen werden. Fröhlich ruft er dem Baum und dem Wind zu:

„Jaaa, bitte mein Baumfreund, reinige die Traurigkeit und den Frust aus meiner Aura. Energien, die ich unnötig aufgelesen habe und nicht wirklich zu mir gehören, dürfen gründlich geräumt werden. Danke mein Freund!"

Und dabei schaukelt er immer höher. Der Wind zerzaust Tashis Haare. Er liebt das wilde Spiel mit dem Wind. Und der Wind liebt Tashi!

Er lacht jetzt ganz übermütig und ruft immer wieder Klara zu, der es ebenfalls die wunderschönen weißen, silbrig glänzenden Federn durcheinanderwirbelt. Durch den Wind verliert sie manchmal das Gleichgewicht und muss sich wie auf einem Schwebebalken neu auffangen. Durch das Lichtspiel der sich bewegenden Blätter schimmern und leuchten ihre Federn, wenn ein Sonnenstrahl durch die großen Äste des Baumes bricht. Tashi lacht, weil er es so lustig findet, sie zu beobachten, wenn sie ihr Gleichgewicht sucht.

Seine Wächter stehen ganz nahe bei ihm, wie immer, Nga zur linken Seite, Waka rechts, um ihn in jeder Situation zu beschützen.

Er streckt seine Beine weit nach vorne beim Vorwärtsschaukeln und zieht sie eng an, wenn er zurückschaukelt. Ein herrliches Gefühl, diese Freiheit zu fühlen. Er singt jetzt etwas lauter, er winkt seiner Sternenmutter zu, die wieder gemütlich auf der versteinerten, strahlenden Holzbank sitzt und ihn beobachtet. Sie winkt ihm zurück. Dabei ist sie mächtig stolz auf ihn, hat er doch seine erste Initiation Reise mit Rosaline erfolgreich bestanden. Sie freut sich auf seine nächste Aufgabe, von der er selber noch nichts weiß. Es soll eine Überraschung werden für Tashi.

Sein Freund, der Baum, beginnt jetzt selber zu schaukeln, um seine kräftigenden Energien zu verstärken und Tashi mehr Schaukelschwung zu geben. Das passt Klara aber nicht mehr. Das ist zu viel für sie. Sie fliegt Richtung Boden und sortiert ihre Flügel. Die Sternenmutter steht auf, um sie zu holen. Sie hebt Klara auf ihre Arme und zusammen schlendern beide zurück zur Holzbank. Klara pickt sanft an den Wangen der Sternenmutter, um ihr Danke zu sagen. Beide lächeln in gegenseitigem Verstehen. Gesprochen wird nicht viel.

Die Schwingungen des Baumes werden stärker, der Wind aber wird schwächer. Tashi kraust die Stirn. Etwas ist im Anzug, er kann es fühlen. Genau in diesem Moment erscheint die Amsel, die sich während seines Schaukelns zurückgezogen hat aus der Krone des Baumes und beginnt fröhlich ihr Lied zu singen. Wie immer singt sie die Anderswelt in Szene. Sie setzt sich genau dahin, wo Klara vorher war. Jetzt weiß er mit Sicherheit, dass etwas auf ihn wartet. Die Amsel kündigt es an. Er hört auf ihren Song und verlangsamt das Schaukeln.

„Überraschung! Besuch kündigt sich an! Tashi, komm doch zu uns."

Tashi schaut nach unten zur Holzbank, wo die beiden, Klara und seine Sternenmutter, sitzen und ihn gerufen haben.

„Ja, ich komme gleich, nur noch ein paar Schwünge, haaach, ist das befreiend!" Er ruft seine Freude weit in den großen Baum hinein, so wohl fühlt er sich wieder. Eigentlich wäre er gerne noch etwas geblieben. Nach ein paar weiteren Schwüngen hört er ganz auf zu schaukeln und bittet den Baum, ihm auf die Erde zu helfen.

Er setzt sich zu den beiden auf die Ahnenbank, die ihm irgendwie sehr belebt und lebendig vorkommt. Die Ahnenbank, einer seiner Lieblings Orte überhaupt, scheint ihm zuzuzwinkern. Er betrachtet die leise kommunizierende Bank und versucht, seine inneren Ohren zu öffnen, um sich ganz auf sie einzustimmen.

Die Sternenmutter glättet seine vom Wind zerzausten Haare. Er kuschelt sich in ihre Arme und genießt die Aufmerksamkeit, die er von ihr bekommt. Er kraust die Nase und nimmt würzigen Duft von Harz wahr. Er schaut sich um, schnüffelt an der Bank, um herauszufinden, woher der herrliche Duft kommt. Tatsächlich strömt er aus der großen Ahnenbank.

„Ich habe den Harz-Duft für dich aufgewirbelt, um dich zu Erden und dir die Erinnerung an deine Herkunft ins Bewusstsein zu rufen! Die Herkunft deiner lichten Welten, dein Stammbaum sozusagen. Atme das Aroma unserer Kraft tief in dich ein, um dich zu stärken!"

Der Baum lächelt Tashi an, der ihn erstaunt anschaut. Dann schließt er wieder die Augen, um den Duft der Bank, wie vom Baum empfohlen, tief einzuatmen. In dieser Ruhe verbleibt er, bis er sich ganz mit seiner Anderswelt verbunden fühlt. Dann öffnet er die Augen und träumt in der Geborgenheit seiner Sternenfamilie vor sich hin. Er ist immer wieder entzückt über die herrliche, frische friedvolle Landschaft, die sich in seinem Traumland ausdehnt. Die angrenzenden kleinen Hügel, die von ihren Bäumen überwacht werden, oder der Teich, in dem es sich so herrlich die Füße baden lässt.

Egal wie oft er hierher reist, um sich zu erholen und sich Wissen anzueignen, er bekommt nicht genug von dieser Üppigkeit und Farbenpracht seines Kraftortes.

Er blinzelt und setzt sich gerade hin. Aus der Ferne sieht er jemanden auf sie zukommen.

Was jetzt wohl wieder geschehen wird?

Ramosh

Ein junger Mann wird klarer ersichtlich, der mit langgezogenen Schritten auf die Bank zuschreitet. Die Sternenmutter löst sich aus der gemütlichen Umarmung mit Tashi und steht auf, um den Neuankömmling zu empfangen. Herzlich umarmt der die Sternenmutter. Tashi ist überrascht. Kennen die beiden sich?

Nun steht auch er auf. Klara hinterher. Mit gerunzelter Stirn geht er dem Besucher entgegen. Der Besucher kommt ihm sehr bekannt vor, ein Déjà-vu sozusagen. Klara stellt sich vor Tashi hin und präsentiert ihre langen geschmeidigen glänzenden Federn vor dem Besucher. Auch Nga und Waka stehen neben ihm, einer auf jeweils einer Seite.

Der junge Mann löst sich aus der Umarmung der Sternenmutter. Er lacht jetzt herzlich.

„Tashi, du solltest dein Gesicht sehen. Es ist zu köstlich. Du erkennst mich wohl nicht?"

Der junge Mann riecht gut, Tashis Nase ist höchst empfindlich in dieser Hinsicht. Man kann jemanden riechen oder eben nicht.

Der junge Mann berührt Tashi beim dritten Auge. Er lässt es geschehen, schließt kurz seine Augen, um sich zu fokussieren, und plötzlich fällt der Groschen.

„Oh nein, das glaub ich nicht! Wo kommst denn du her? Ramosh!

Du warst ja nicht mal anwesend bei meiner Abreise ins Schattenland! Und jetzt bist du da. Du besuchst mich in meinem Erdenkleid? Wirklich?"

Tashi kann es kaum fassen. Sein Bruder Ramosh besucht ihn aus dem Sternensystem der Plejaden. Was für ein magischer Moment.

„Ja Kleiner, schon sehr lange haben wir uns nicht mehr gesehen!"

Dabei wuschelt er seinem Bruder durch den wilden Haarschopf. Ramosh betrachtet Tashi, bevor er weitererzählt.

„Es tut mir leid, dass ich nicht dabei sein konnte beim Abschied für deine Reise ins Schattenland. Wir hatten sehr viel zu tun. Unser Vater fliegt immer noch mit der ganzen Flotte im Raum Alcyone. Das könnte ein längerer Auftrag werden. Du kennst es ja, er war auch vorher nie viel anwesend. Ich konnte es einfach nicht früher einrichten, dich zu besuchen. Dafür ist unsere Mutter hier. Beinahe ein Familientreffen nicht?"

Tashi antwortet nicht gleich. Eine ganze Weile betrachten sich die beiden Brüder, die sich lange nicht mehr gesehen haben. Tashi lebt ja schon seit einigen linearen Erdenjahren bei seinen Menscheneltern, während sich Ramosh immer noch in derselben Zeitlinie befindet wie vor Tashis Abreise ins Schattenland.

Zeit im Raume Alcyone wird anders bewertet als Zeit auf Erden.

Ramosh legt einen Arm um die Sternenmutter und reicht seinem Bruder die Hand. Zusammen spazieren sie zur versteinerten Holzbank. Klara folgt ihnen und setzt sich auf dessen breite Armlehne. Heimlich bewundert Tashi seinen schönen, großen starken Bruder, auf den er immer so stolz war, er schien kaum gealtert zu sein. Irgendwie erinnert ihn Ramosh an seinen Wächter, Waka, der friedvolle Krieger an seiner Seite. Der vernimmt die Gedanken seines Schützlings und ist geehrt über diesen Vergleich.

Waka stubst Tashi leicht an. Tashi schaut seinen Wächter an und dann kapiert er. Natürlich, Waka kann seine Gedanken lesen! Unbemerkt schubst er Waka leicht zurück.

Ramosh unterbricht die Gedanken seines kleineren Bruders.

„Aber schau mal, als Entschädigung für die lange Wartezeit bringe ich dir heute ein verspätetes, eigenwilliges Geschenk."

Alle sitzen sie auf der herrlich duftenden Ahnenbank. Ramosh bewundert und befühlt das edle Riesenstück Holz, das prachtvoll geschnitzt in der Nähe des großen Baumes steht. Fröhlich wendet er sich dem Baum entgegen, dann ruft er ihm humorvoll zu:
„Diese Bank ist wohl ein Bruder von dir?"
Der Baum antwortet sofort, indem er ihm mit zarten Ästen im Gesicht herumfuchtelt. Ramosh lacht und streicht die Äste aus dem Gesicht. Es fühlt sich an, als wäre Ramosh schon immer mitten unter ihnen gewesen. Klara nimmt das verwundert zur Kenntnis. Dieser junge schöne starke Mann hat wohl überhaupt keine Anknüpfungsprobleme?

Tashi hat ihre Gedanken vernommen. Leise flüstert er ihr zurück:
„Da kann ich mir noch eine Scheibe von abschneiden! Muss ich noch lernen, so unbekümmert einfach in eine neue Situation zu treten und so tun, als wäre es das Normalste der Welt. Kriege ich vielleicht auch mal noch hin. Was meinst du Klara?"

Ebenso leise flüstert sie zurück, während Ramosh sich mit der Sternenmutter unterhält.

„Du Dummerchen, Tashi, mein Lieblingsmensch! Das machst du doch dauernd auf deinen Reisen, niemals habe ich dich klagen gehört. Du bist mutig! Du bist ebenso neugierig und abenteuerlich. Auf deinem Gebiet! Wenn du noch lange hierbleibst, wirst du es vielleicht eines Tages auch in der Menschenwelt schaffen?"

„Ach du, herrliche gute Klara! Du bist einfach wunderbar. Danke dir für deine aufbauenden Worte. Hast du das von unserer Sternenmutter gelernt?"

Er schubst sie an, ein erbauendes Zwiegespräch unter besten Freunden.

„Na ja, ich bin ja auch schon länger mit dir und eurer weisen Sternenmutter zusammen! Da färbt sich schon so einiges ab …", dabei lächelt sie ihn schelmisch an. Ah, er beginnt sich sehr schnell viel wohler zu fühlen. Schon fast wieder sein altes Selbst.

Ramosh dreht sich nun Tashi entgegen, er hat das leise Gespräch von Klara und Tashi verpasst, weil er sich endlich wieder einmal mit seiner Sternenmutter unterhalten konnte. Auch sie hat er schon länger nicht mehr gesehen. Jedoch ist er nie so weit von ihr getrennt wie Tashi, denn noch immer ist er ihr Sohn. Er hat sich auf keiner Ebene neu etabliert, wo er sich hätte neue Eltern aussuchen müssen. So sieht er sie öfters als Tashi, dem diese Begegnung nur an diesem zauberhaften Kraftort vorenthalten bleibt.

„Schau Tashi, ich habe dir etwas mitgebracht."

Aus seiner Tasche zieht Ramosh ein hübsches vergoldetes, samtenes Etui. Klara guckt ganz neugierig auf das Präsent. Sie liebt Geschenke.

Tashi betrachtet das seltsame goldene Etui. Irgendetwas erinnert ihn an Metatron, den machtvollen Lichtfürst, der ihm ebenfalls eine mit Gold verzierte Box geschenkt hat, im Reich von Freyja, kurz vor seiner Geburt im Schattenland.

Tashi schaut seine Sternenmutter an. Sie nickt und er öffnet das Etui sehr langsam.

Kaum hat er den Deckel geöffnet, strahlt ein grünes Licht aus dem Etui. Dieses Licht füllt sofort den Raum um sie herum. Klara schließt für einen Moment die Augen, weil das Licht sehr intensiv leuchtet. Die Amsel fliegt etwas näher und trällert lauter. Die Spannung steigt.

Selbst der Baum neigt sich ihnen entgegen, um zu sehen, was es zu sehen gibt.

Nga und Waka lächeln. Sie wissen es bereits.

Ein formloses Wesen steigt aus dem Etui, hinterher folgt ein weiteres und die beiden grünen Lichtwesen umhüllen Tashi. Starke Wellenbewegungen ziehen ihn augenblicklich in ihren Vortex. Er bekommt Angst, weil es ihn von der Ahnenbank abhebt, seinem sonst sicheren Ort der Verwurzelung.

Tashi ruft nach seiner Sternenmutter, er will hier wieder raus, raus aus dem Vortex.

Ramosh, sein starker Bruder, spricht zu den grünen Lichtstrahlen in einer Sprache, die nicht von dieser Erde ist. Sofort lassen die Wesen ihren Druck weichen.

Ramosh holt Tashi aus dem Vortex. Das leuchtende Grün bleibt ausgedehnt im Raum präsent, ohne sich zu bewegen. Tashi schüttelt sich und hält mit beiden Händen die große Hand seines Bruders umklammert. Erschreckt schaut er auf die grünen freundlichen Wesen und dann zu seinem Bruder.

„Ramosh, was ist denn das? Es ist zu stark für mich. Davon wird mir ja ganz schwindlig."

Die Sternenmutter ist von ihrem gemütlichen Sitz aufgestanden, um die beiden zu unterstützen. Ramosh schmunzelt und erklärt Tashi:

„Weißt du, das sind die Wesenheiten von Malachit und Moldavit. Ich habe sie direkt aus ihrer eigenen Quelle mitgebracht. Aber wie ich gerade erkenne, ist die reine Informationsquelle dieser edlen Wesen zu stark für dein Menschenkleid. Ich werde mit ihnen reden, damit sie ihre Kraft etwas dimmen, um dich nicht zu überfordern. Komm, setz dich erst mal hin. Klara wird dich wieder aufmuntern."

Die Sternenmutter führt Tashi zurück zur Bank. Das versteinerte Holz hilft ihm, den Stoffwechsel sofort wieder zu harmonisieren.

Das akute Erlebnis muss erst mal verarbeitet werden. Insgeheim ist Tashi über sich selber genervt, weil er im Menschenkleid so limitiert ist. Er ist frustriert. Das erkennt Klara und sie beginnt, um seine Füße herumzutanzen und ihn aufzumuntern. Aber er schnieft noch, er will herausfinden, wo die Blockade liegt, die ihn festhält. Da ist so einiges noch nicht in Harmonie in seiner Erinnerung. Er weiß nicht, was es ist, aber er will es herausfinden!

Klara fordert ihn erneut heraus.

„Komm schon Tashi, lass uns ein paar Schritte tanzen. Dann renkst du dich wieder ein. Du hast ja noch viele Chancen, es gleich noch mal auszuprobieren. Komm, komm …"

Etwas gereizt steht er auf, um mit Klara mitzutanzen. Sie hüpft auf und ab und macht die schönsten, selbst für ein Huhn, elegantesten Kapriolen. Aber wir wissen ja, Klara ist nicht einfach ein Huhn. Sie ist ein magisches Regenbogenhuhn! Nach ein paar Bewegungen und Drehungen lächelt Tashi wieder, die Sternenmutter nimmt auch am Reigen teil. Es ist beinahe unmöglich, zu tanzen und schlechte Laune beizubehalten. Das will einfach nicht zusammenpassen, Tanzen und Griesgram!

Die Situation entspannt sich und der Baum beginnt wieder mit seinen Blättern zu rascheln, um die Angst zu verwehen. Die Amsel schaut zu und singt nur wenig. Sie hat die Portale in die Anderswelt geöffnet mit ihrem Lied. Mehr ist momentan nicht notwendig.

In dieser Zeit unterhält sich Ramosh nochmal in Sternensprache mit den edlen, grün-strahlenden Wesen und bittet Moldavit, sich für den Moment zurückzuziehen. Beide Informationen gleichzeitig sind zu viel für Tashi. Er bittet auch Malachit, seine Schwingungen etwas zu drosseln.

Moldavit zieht sich zurück in das vergoldetet Etui und beobachtet von dort Tashi. Es sieht lustig aus, Moldavit, der aufgeweckt aus dem Versteck guckt und die Szene um ihn herum aufnimmt. Moldavits Gesicht ist freundlich, etwas andersartig, es erinnert an einen Lehrer, der schon fast alles gesehen und erlebt hat. Ein Lehrer, ein Meister, der sich um die Psyche der Menschen und auch andersartigen, nicht planetarischen Wesen auskennt. Ein nonchalanter Gesichtsausdruck, mit viel Verschmitztheit, die seine Aura umgibt.

Es ist ein Privileg, von Steinwesen ausgewählt zu werden, um an verschlüsselte Informationen zu kommen. Der Rat der Hüter der Geheimnisse der Erde hat Tashi gewählt, weil er reinen Herzens ist. Tashi weiß das selber nicht und fühlt sich in keiner Weise als etwas Besonderes. Aber das ist es ja, die, die reinen Herzens sind, sind bescheiden, während die, die gerne etwas Spezielles sein möchten aber nicht sind, mit viel Getöse auf sich aufmerksam machen müssen.

Klara spaziert zurück zum Etui. Sie möchte sich mit Moldavit unterhalten. Das grüne Licht blendet jetzt nicht mehr so stark. Moldavit lächelt ihr zu und spielt ein wenig mit dem Deckel des Etuis. Er lässt ihn sanft auf- und zuklappen, wobei sein tiefgrünes Licht immer wieder verschwindet, was Klara zum Lachen bringt. Moldavit scheint Humor zu haben. Er zwinkert ihr zu.

Er winkt ihr, näher zu kommen. Da sie kaum Angst kennt, geht sie ganz nahe an das Etui heran. Moldavit öffnet den Deckel etwas weiter auf und flüstert Klara schelmisch zu:

„Weißt du, dass ich ursprünglich aus fremden Galaxien bin?"

Wobei er Klara nochmals zuzwinkert.

Sie lacht laut auf, Moldavit ist lustig! Sie spaziert um das Etui herum und antwortet frech:

„Ich bin ja auch nicht von hier, kommen wir nicht alle ursprünglich von überall oder sonst irgendwo her?"

„Okay. Touché Klara! Bist ein ganz kluges Wesen! Na ja, deshalb bist du wohl Tashis beste Freundin, nicht?"

Klara nickt schelmisch, sie ist sehr empfänglich für Schmeicheleien. Vor allem wenn sie so charmant wie die von Moldavit daherkommen.

Dann schaut sie Moldavit nachdenklich an und betrachtet seine Struktur. Sie ist nicht zu vergleichen mit den ihr bereits bekannten Steinwesen. Moldavit spürt, dass Klara inspiziert, ob das Gesagte auch Wahrheit in sich trägt.

Er hält ganz still, um ihre Vertiefung nicht zu unterbrechen. Moldavit spielt ihr telepathisch Informationen zu:

„Kannst du dir vorstellen, dass ich als Meteorit auf diesem Planeten gelandet bin? Ich bin ein Tektit, sozusagen ein Bote aus dem All und ich entstand aus einem Einschlag in diese Erdatmosphäre! Vor langer, langer Zeit, so etwa 15 Millionen Erdenjahren, bin ich auf der Erde aufgeprallt. Ich wurde in viele Millionen kleiner Meteoritenteile zersplittert und landab, landauf geschleudert und zerstreut. Guck, beim Aufprall sind Teile von mir in der Luft erkaltet und buuum, haben sich dadurch schöne fächerförmige Teile geformt. Durch Umlagerung, also Bewegung der Erde durch die Jahrmillionen, bin ich etwas herumgekommen und herumgeschoben worden!"

Er streckt ihr ein kleines durchscheinendes grünes, beinahe glasig aussehendes Stück Moldavit hin. Es sieht aus wie ein Fächer. Sie nimmt es entgegen und spürt sofort seine Kraft. Er lächelt sie schon wieder an.

Was lächelt er denn dauernd? Sie schaut durch das Moldavit-Teilchen, das er ihr gereicht hat, hindurch. Da er sehr faserig und leicht durchsichtig ist, ist das kein Problem.

„Die Menschen haben mich Moldavit benannt, da ich in der Nähe der Moldau und hunderte von Kilometern rundherum gefunden wurde. Finde ich etwas phantasielos, da ich doch so voller Informationen aus anderen Galaxien bin. Und so kraftvoll. Na ja, man ist ja bescheiden!"

Moldavit spielt wieder mit dem Boxendeckel und winkt Klara neckisch zu.

„Klara, was siehst du? Während du das kleine Stück Moldavit betrachtest, das ich dir gegeben habe, schaust du direkt durch mein ganzheitliches Wesen hindurch. Das weißt du schon oder? Mit nur einem winzig kleinen, fraktalen Teilchen meines Wesens in den Händen verbindest du dich mit meinem großen Ganzen, der Intelligenz meiner Art!"

Sie erschrickt ein wenig, so hat sie das nicht empfunden oder überhaupt an so etwas gedacht. Eigentlich sollte sie es wissen, das Kleine ist im Großen und das Große im Kleinen enthalten.

Sie will ihm den Stein wieder zurückgeben, aber Moldavit weist ab. Hartnäckig wiederholt er seine Frage:

„Und Klara, was siehst du?"

Klara will sich abwenden, um zu sehen, wo Tashi und Malachit hingegangen sind. Sie fühlt, dass sie irgendwie ablenken und die Frage nicht beantworten will. Sie atmet tief durch und nimmt den glasigen Stein wieder auf, um erneut hindurchzugucken.

Die Wellenbewegungen nehmen wieder zu und diesmal lässt sie es geschehen. Sie wird ganz vom flaschengrünen Strahl des Moldavit eingehüllt. Sie spürt, wie ihr ganzes Wesen vitalisiert wird. Im gleichen Atemzug scheint sie zu wachsen. Ist sie immer noch Klara, das magische Regenbogen-Huhn?

Sanft wechseln die Wellenbewegungen und sie beginnt, sich in ein menschliches Hologramm zu verformen.

„Ich, Moldavit, zeige dir deine Einzigartigkeit Klara. Bloß, weil du dich in deiner Form als Huhn wahrnimmst, bedeutet das nicht, dass du dich auf anderen Ebenen auch als dasselbe Huhn ausdrückst. Bewusstseinsaspekte oder Fragmente deines Wesens mögen sich in einer anderen Form inkarnieren und wollen sich als andere Ausdrucksform erfahren. Wir reden hier von Bewusstsein, das sich in anderen Formen wiederfindet! Man könnte es auch ‚Bewusstseinsgleiten' nennen. Du bist Tashis beste Freundin. Du hast aber andere Anteile, die sich mit seinem Menschsein bestens verstehen. Woher denkst du, kommt das?"

Klara überlegt. Sie fühlt sich immer noch als Huhn, spürt aber eine übergeordnete Kraft, die alle Formen des Daseins formt. Die Nichtform, die Formen formt …
Sie schüttelt sich, sie wird schon wie Tashi, ganz philosophisch. Aber Moldavit hat gefragt, was sie sehen kann, und das ist nun Teil der Antwort, die sie für ihn hat.
Man kann also vieles auf einmal sein, ohne in einer einzigen Form gefangen oder eingesperrt zu sein.
„Jaaaaaa Klara, gratuliere! Genau das meine ich!"
Sie erschrickt, seine Anerkennung ihrer Gedanken wird freudig begrüßt.
„Ich unterstütze deine absolute Einzigartigkeit, die du als Wesen bist, nicht nur als Huhn, das du in dieser Wirklichkeit bist. Meine Wesenheit lockert starre Strukturen und verbindet dich mit deinem galaktischen Selbst. So wie ich eines bin. Ich bin nicht von der Erde, deshalb erinnere ich dich an deine nicht in den irdischen gefangenen Erinnerungen. Man lebt ja gleichzeitig in vielen verschiedenen Wirklichkeiten! Ich vermittle die Erinnerung an mehr, an etwas Größeres! An das geistige Universum, an die endlose Weite des Daseins. Das ist eine meiner vielen Aufgaben."

Moldavit beobachtet Klara, wie sie das alles verarbeitet.
Klara ist etwas überwältigt. Eigentlich wusste sie das, hat aber auch vieles wieder vergessen. Natürlich, das erklärt vielleicht auch besser, ob nun das Huhn oder das Ei zuerst da waren. Möglicherweise waren beide zur gleichen Zeit existent.

Das eine ohne das andere bringt keine Form hervor ...
Die Urexistenz erschafft Bewegung ...

„Ahhh, Moldavit, jetzt brauche ich erst mal eine Auszeit. Lass mich ausruhen und zu den anderen gehen. Das war echt toll, was du mir gezeigt hast, du bist ein guter Lehrmeister. Über diese Dinge muss ich nun erst mal gründlich nachdenken."
Moldavit zieht sich zurück, stärkt ganz schnell ihr Immunsystem, damit sie sich gleich wieder kräftig fühlt. Sie soll ja wieder die Form des magischen Regenbogen-Huhns annehmen. Dann lässt er Klara aus seinem Strahl, lächelt sie nochmal ganz verschmitzt an und zieht sich zurück in das goldene Etui.

Sie lächelt zurück, eigentlich ist sie gar nicht so müde, wie sie erwartet hätte. Es ist eher ihre Gedankenwelt, die sie etwas aufgerüttelt hat. Sie bleibt noch eine kurze Weile bei Moldavit stehen, um dann langsam, tief in Gedanken versunken, zur großen magischen Ruhebank zu schlendern.

Dort wartet auch schon die Sternenmutter, die alles beobachtet hat. Sie nimmt Klara auf und setzt sie neben sich. Sie soll ganz in ihrer Gedankenwelt verbleiben. Die Sternenmutter stellt keine Fragen. Allein ihre mütterliche Gegenwart beruhigt und nährt Klara. Sie legt ihren Kopf auf den Schoß der Sternenmutter, fast wie Tashi es jeweils tut. Sie hat sich gerade für einige Sekunden selbst als menschliches Hologramm erfahren, deshalb kann sie Tashis Erlebnisse nun noch besser, weil aus seiner Perspektive, nachvollziehen.

Während Klara mit Moldavit beschäftigt war, wird Tashi vom Licht des Malachit umhüllt.
„Ich bin Malachit, weder weiblich noch männlich! Hab keine Angst vor meiner Kraft, dein Bruder hat mich instruiert, dass ich mich zurückhalten soll. Bis du dich an mich gewöhnt hast, tue ich das. Du hast keine Angst mehr, oder?"
Tashi bleibt mitten in seiner Bewegung stehen und schaut auf das intensive grüne Licht. Abwesend antwortet er:

„Nein, es ist okay. Danke." Dabei erkennt er jetzt auch die dunklen Streifen im herrlichen üppigen Malachit-Grün.

Ramosh gesellt sich zu Tashi, der gelassener wird und aufmerksam zuhört.

Malachit spricht weiter:

„Möchtest du mit mir auf eine Reise kommen, Tashi? Ich verspreche dir, meine Frequenzen so zu halten, dass sie dich nicht überfordern. Erst mal kommst du mit mir, Moldavit wird später wieder zu uns stoßen, wenn du gelernt hast, meine Informationen und meine Kraft in deinem Körper zu integrieren."

Tashi nimmt Ramoshs Hand und schaut ihn an.

„Würdest du mich begleiten, dieses eine Mal? Ich habe etwas Angst, alleine unterwegs zu sein."

„Aber ja Tashi, diese Reise machen wir gemeinsam. Ich bin selber neugierig, welches Abenteuer Malachit für uns bereithält. Ich bin dein starker Bruder, hab keine Angst."

„Wirklich? Das ist ja wunderbar! Dann freue ich mich jetzt darauf! Alleine wäre das, glaube ich, zu intensiv für mich, da sich mein Körpersystem schon zu stark an die Menschenwelt gewöhnt hat."

Tashi fühlt sich enorm erleichtert und ist hocherfreut über die Zustimmung seines Bruders. Es ist ein herrliches Gefühl, seinen großen Bruder endlich wieder mal zu sehen und Zeit miteinander zu verbringen.

Zusammen setzen sie sich auf eine Lichtung im üppigen, weichen Gras. Der Duft des frischen Grases erfrischt die Sinne. Tashi atmet tief ein, um den Duft ganz aufzunehmen sowie vorhin den aromatischen Duft des Harzes. Die Sonne scheint durch die dichten Blätter des großen Baumes und beleuchtet die beiden wie ein Scheinwerfer mitten in der Lichtung.

Die große Zentral-Sonne überwacht den Vorgang mit Malachit und Tashi. Sie prüft genau, wie viele Informationen den Menschen überbracht werden dürfen. Den Menschen ist nicht zu trauen, sie sind gierig und missbrauchen ihre Macht. Die Schattendämonen, die vorwiegend ein leeres Etwas sind, das dauernd gefüttert werden muss, warten nur auf ihre Chance, Dinge zu verschlucken, sie zu verdrehen und neu verpackt wieder auszuspucken. Sie mischen sich seit Gedenken in die Vorgänge der Schöpfung, ja sie sind sozusagen ein Teil der Schöpfung!

Wissen aus den Lichten-Chroniken braucht Zeit, um absorbiert und verstanden zu werden. Ansonsten wiederholt sich die Geschichte unaufhörlich, weil das Wissen in falsche Hände kommt oder missgelehrt und dadurch missverstanden wird.

Malachit dehnt sich jetzt aus, umhüllt die Landschaft in wunderschöne Grünschattierungen. Selbst die Bank, auf der die Sternenmutter und Klara sitzen, wird vom grünen Licht eingehüllt, das weich und sanft, aber dennoch sehr stark leuchtet.

Moldavit guckt ganz vorsichtig aus dem goldenen Etui und beobachtet Malachit, ohne zu stören oder sich an jemanden zu wenden. Er will nur beobachten.

Malachit lächelt freundlich und beginnt langsam, seine Kraft herumzuwirbeln, fast so wie der Wind früher an diesem Morgen. Es wirbelt in jede Ecke, um den großen Baum herum, es spielt mit dem Gras und den naheliegenden Büschen und der Landschaft. Alles rundherum wird in Grün gebadet.

Unvorbereitet hebt es Tashi und Ramosh leicht in die Luft.

„Oh, là, là! Nicht schon wieder! Ist das auch sicher? Das ging jetzt aber wieder etwas sehr plötzlich!"

Tashi wackelt, ist unsicher, fuchtelt mit seinen Armen, um das Gleichgewicht zu halten, und schaut sich beklommen um. Er ist ziemlich misstrauisch nach dem ersten Schock, den er zu Beginn des Besuches der beiden Wesen erlebt hat.

„Ich will nicht aus dieser Höhe herunterfallen, Hilfe!"

Malachit hilft Tashi, sich schnell an die neue Situation anzupassen. Er ist dankbar, seinen Bruder so nahe bei sich zu haben. Er beruhigt sich und beobachtet Ramosh, der sich gelassen treiben lässt. Das gibt ihm Mut mitzumachen und Malachit zu vertrauen.

Er schaut jetzt näher auf Malachit und die verschiedenen grünen Farbschattierungen. Es sind Schichten, die sich ineinander ergänzen, durch den Kupferanteil dieses Steins erhält er die grünen dunkleren Einschlüsse.

„Ramosh, hast du die verschiedenen Schichten der variierenden Grünschattierungen gesehen? Es sieht wirklich sehr schön aus."
„Ja, wahrlich ein Paradies für Naturwissenschaftler, Biologen und geologische Forschungen."
Ramosh lacht Tashi entgegen. Natürlich, denkt sich sein Bruder. Ramosh interessierte seit jeher, wie sich Dinge entwickeln, gestalten und verändern. Er und sein Vater sind der wissenschaftliche Aspekt seiner geliebten Sternenfamilie. Während Tashi über seinen starken Bruder nachdenkt, werden die beiden höher getrieben.

Mittlerweile fühlt sich Tashi wohler und er hat die anfängliche Angst überwunden. Langsam, damit er nicht überfordert wird, schwingt Malachit die beiden noch ein wenig höher, um einen besseren Überblick über die Umgebung und die unter ihnen liegende Landschaft zu bekommen. Tashi entspannt sich immer mehr und ist bereit, sich auf Neues einzulassen.
Er nimmt sich Zeit, die friedliche Landschaft aus dieser erhöhten Perspektive zu beobachten.
Die Sternenmutter und Klara sind nur noch ganz klein auszumachen, während der Riesenbaum, sein Freund, mit ihnen in die Höhe wächst. Der Teich in der Nähe reflektiert das Licht und die Bäume wider, er sieht fast aus wie ein Spiegel, so friedlich liegt er inmitten des angrenzenden Waldes und der herrlich blühende Büschen. Tashi vermeint den süßen Duft der Blumen wahrzunehmen, die die Luft schwängern. Die einzelnen Bäume auf jedem Hügel stehen stolz da und bewachen ihr kleines Gebiet. Tashi lächelt bei diesem Bild. Immer wieder erinnern ihn die einzelnen Bäume an seine Wächter. Als würde jeder Baum seinen eigenen Hügel bewachen. Auch das Bächlein, das durch das Land fließt und vom Teich gespeist wird, plätschert fröhlich dahin.

Die Landschaft erscheint ihm so poetisch und inspiriert ihn immer wieder von Neuem. Man kann sich herrlich darin verlieren und das Glück für einen Augenblick festhalten. Träumerisch nimmt er sein Gebiet wahr, das ihm immer wieder hilft, sich zu harmonisieren und neu zu orientieren, wenn es schwierig wird im Menschendasein. Er ist dankbar, dass er diesen erquickenden Ort des Rückzugs gefunden hat.

Malachit verlangsamt jetzt seine Schwingung und bleibt ganz ruhig stehen. Tashi schaut erst Ramosh an und dann Malachit.
„Aha, und jetzt?"
Die Antwort kommt prompt, denn plötzlich kann er zwei große Säulen sehen, die über und über mit Malachit-Ornamenten bedeckt sind. Die hat er vorher nicht gesehen, sie sind einfach erschienen. Eine Erscheinung oder ein weiteres Hologramm vielleicht?
Malachit hat die fragenden Gedanken bemerkt.
„Nein Tashi, bestimmt nicht. Meine Säulen sind kein Hologramm, sie und ich sind so echt wie du und Ramosh. Diese Säulen sind ein Durchgang, den eine Seele durchschreitet, um sich zu erneuern. Möchtest du durch dieses Portal gehen?"

Tashi bestaunt die außergewöhnlichen Malachit Säulen. Jede ist so groß, dass er sie weder mit seinen noch zusammen mit Ramoshs Armen umfassen kann. Er streicht mit den Fingern über die glatte, glänzende polierte Oberfläche. Die Säulen sind mindestens fünf Meter hoch oder sogar eher noch höher.

Tashi schaut weit hinauf den Säulen entlang, er ist entzückt und will alles bis ins Detail aufnehmen.

Lange bleibt er stehen und versucht wahrzunehmen, was im Moment in ihm vorgeht. Sein Herz öffnet sich, er spürt den Puls der Zeit oder eher der Nicht- Zeit. Diese Säulen sind voller Geheimnisse. Er schließt die Augen, um besser sehen zu können. Ohne die Hände von der Säule zu lassen, fragt er seinen Bruder, ob sie zusammen durch dieses Portal schreiten sollen.

Telepathisch antwortet ihm Ramosh ohne zu zögern mit einem klaren JA.

Tashi fühlt einen Windhauch und ein Geräusch. Er öffnet die Augen und sieht bei jeder Säule einen Hüter. Gleich wie seine Wächter, die natürlicherweise immer mit ihm sind. Sie haben aber nicht die gleichen Aufgaben. Die Hüter der Malachit-Säulen scheinen weicher, etwas gelöster und sanfter zu sein.

Alle drei, Tashi, Ramosh und Malachit, stehen vor den prachtvollen Säulen. Dann bittet Malachit um Tashis Erlaubnis, seine Wächter Nga und Waka hier beim Portal zu lassen. Sie sollen auf ihn warten.

Da aber zögert Tashi, er ist es gewohnt, dass sie seine Seite nie verlassen.

Er schaut auf Nga und Waka.

„Möchtet ihr denn hierbleiben? Vertraut ihr Malachit? Was wäre, wenn wir danach nicht mehr zusammenpassen? Ich will keine neuen Wächter, ich will nur mit euch zusammen sein!"

Tashi nimmt Wakas Hand und schaut ihn lange an. Dann wendet er sich nach Nga um, fragend.

Malachit versucht, Tashis Zweifel zu besänftigen.

„Tashi, deine Wächter werden neu programmiert und umgepolt. Erinnerst du dich an deine Reise über den Regenbogen? Da hat dein Wächter Waka bei der schönen Undine bereits ein Siegel lösen dürfen. Auch hier, in meiner Malachit-Dimension, lassen Nga und Waka Schattenanteile, die du mit dir herumgeschleppt hast und sie für dich übernommen haben, los.

Meine Hüter sind Meister der DNS! Sie kennen die Verdrehungen der menschlichen Geschichte! Während du und Ramosh in meine Landschaft kommen, werden deine Wächter an neue Informationsmuster angepasst."

Lange schaut Tashi seinen Bruder an, wie soll er sich entscheiden?

Ramosh lässt ihm die freie Wahl. Er will sich nicht in die Angelegenheiten seines Bruders mischen oder ihn beeinflussen. Zögernd antwortet Tashi denn auch Malachits Frage.

„Natürlich erinnere ich mich an die schöne Undine. Ja, Waka hat sich verändert und ist viel persönlicher geworden. Er ist mir nicht nur ein Begleiter und Wächter, sondern auch ein Freund geworden."

Noch immer hält er die Hand seines treuen Wächters Waka. Die beiden schauen sich an. Tashi ist unsicher.

Dass seine Wächter Lasten von ihm getragen haben, wusste er nicht. Sie haben sich nie beklagt oder ihn auf Derartiges hingewiesen. Aber sie diskutieren ja auch nicht. Sie sind einfach da. Seine Wächter! Er ist ihnen unendlich dankbar, und zum ersten Mal seit Äonen umarmt er die beiden. Das hat er, soweit er sich erinnern kann, überhaupt nie getan. In dieser Geste kommt er seinem eigenen Diamantenen-Lichtwesen sehr viel näher. Auch sie umarmen ihn, was bei Tashi durch die energetisch elektrisch geladene Nähe sofort körperliche Schmerzen auslöst.

Diese Umarmung ist eine Wiederverschmelzung, ein Austausch von schlafenden Erinnerungen, Informationen, die durch Malachits Gegenwart ausgelöst wurden. Eine Licht-Nähe, die man in der Illusion der Trennung nicht erfahren kann. Es öffnet gespeicherte Erinnerungen aus uralten Zeiten des allgemeinen friedlichen Zusammenseins als ein einiges Volk. Man kommunizierte damals als ein einheitliches mentales Feld. Ähnlich wie er es auf seiner Rosenquarz Reise im friedlichen Tal gesehen hat.

Waka holt ihn aus seiner Nachdenklichkeit.

„Tashi, ich bin mir sicher, dass wir drei auf einer neuen Ebene zusammenschmelzen werden. Ich vertraue der weitaus fortgeschrittenen biologischen Technik des Meisters Malachit. Wenn wir das geschehen lassen, wirst du bereits in deinem Menschenkleid mit Wesenheiten, Seelen und Kulturen Kontakt aufnehmen, die nur wenige Menschen bis anhin gesehen und erlebt haben. Ich denke, wir, Nga und ich, werden wie eine Kontaktperson, einer Antenne gleich, für dich funktionieren können, da wir durch die Äonen mit beinahe allen menschenähnlichen Kulturen vertraut sind. Die meisten dieser Zivilisationen verweilen schon länger nicht mehr auf Planet Erde. Aber unsere Verbindung zu ihnen und den intergalaktischen Wesen blieb für uns immer offen. Was denkst du?"

Dankbar betrachtet er seinen Kriegerwächter der sich ganz offensichtlich wohl fühlt bei Malachit. Möglicherweise hat er bereits das größere Potential dieses Auskommens erkannt.

Nach einigem Hin und Her, nachdem er sich ausführlich mit allen beteiligten besprochen hat, erteilt Tashi seine Einwilligung, damit auch sie sich erneuern und umgestalten dürfen.

Malachit nickt erfreut über Tashis Entscheidung.

Sofort werden seine Wächter von Malachit persönlich zu den Hütern der beiden Säulen gebracht.

Tashi schaut seinen Wächtern nach und fühlt sich beinahe leer ohne ihre Gegenwart. Er betrachtet die Säulen, wo Waka und Nga hingeführt werden, die Säulen erinnern Tashi stark an DNS Stränge.

Er schaut zu, wie seine Wächter die Seiten der Pole wechseln!

Waka, der Wächter, der seit vielen, vielen Jahrhunderten in der linearen Zeitgeschichte auf der rechten Seite stand, wird jetzt zur linken Säule gebracht. Nga, sein Wächter zur linken Seite, wird zur rechten Säule begleitet.

Die alten energetischen Strukturen werden umgepolt und auf neue Frequenzen angehoben.

Malachit erklärt weiter:

„Eine kollektive Umpolung umfasst alles Geschehen, nicht nur die Menschheitsgeschichte oder dein Menschsein Tashi. Es betrifft sämtliche Organismen in diesem Universum, damit sie in harmonischer Resonanz ko-existieren können.

Die erneuerte feinstoffliche Information wird in alle weiteren Departements weitergeleitet. Somit erneuert sich nicht nur ein planetarisches System, sondern darüber hinaus alles an diesen Entwicklungsprozess gebundene Bewusstsein!"

Tashi bekommt augenblicklich Kopfschmerzen. Durch die Umpolung seiner Wächter spürt er bereits die Neuordnung, die in seiner DNS aufgeschaltet wird. Eine totale Polumdrehung, die Umpolung der Polaritäten. Die elektrischen Ströme und die magnetischen Ströme im Körper werden synchronisiert und aus ihrer Verdrehung korrigiert.

Damals, als den Menschen durch DNS-Manipulation diese harmonischen Informationen unterbrochen und sie dadurch aus dem Paradies der geistigen Schöpfer-Intelligenz hinausgeworfen wurden, wurde rückverbunden, so wie es als Original geschaffen wurde.

Tashi hält sich an den Kopf.

„Du liebe Güte, wie ist das auszuhalten, ohne verrückt zu werden? Da erwachen plötzlich Erinnerungen, Stimmen werden laut und Bilder tauchen in meinem Erinnerungsfeld auf. Uff, das ist unerwartet und verwirrend dazu!
Ramosh?"

Ramosh, der alles, ohne sich einzumischen, beobachtet hat, kommt langsam auf seinen Bruder zu. Er wird diesen Prozess zu einem anderen Zeitpunkt auch noch beenden. Irgendwann in seiner Existenz hat er den ersten Teil dieser Korrektur schon erledigt. Er spürt, was in seinem Bruder abläuft. Er legt den Arm um Tashis Schultern, um ihn zu unterstützen.

Nachdem Malachit Tashis Wächter positioniert und mit den Wächtern der Malachitsäulen gesprochen hat, wendet er sich nun den Brüdern zu.

Alle schauen noch einmal zu Tashis Wächter und beobachten, wie sie neu bearbeitet werden.

Dann spricht Malachit klar und deutlich zu den Brüdern.

„Es ist jetzt Zeit, durch mein Portal zu schreiten, ihr beiden. Da werden Tashis Schmerzen schnell verschwinden. Meine große Heilkraft hilft, Krämpfe und Schmerzen zu lindern. Ihr werdet schon sehen, kommt jetzt erst mal mit mir." Dann wendet sich Malachit zu den Brüdern hin, streckt einen Zeigefinger in Tashis Richtung.

„Nicht vergessen, ich bin der Stein der Hoffnung! Bloß nicht aufgeben, wenn's kritisch wird! Sprich mit mir!"

Dann schmunzelt das strahlende Steinwesen und zusammen schreiten sie durch die hohen, herrlich verzierten Säulen. Er fühlt sich ganz klein unter dieser Pracht, er schaut weit hinauf, um diese Größe aufzunehmen. Einen kurzen Moment verharrt er und schaut zurück auf Waka und Nga, die bereits in ihrem Prozess begleitet werden.

Er hält die Hand seines Bruders und zusammen folgen sie Malachit. Beide bestaunen die Schönheit, den Glanz und die Ruhe, die von den Säulen ausgestrahlt werden.

Die Säulen erinnern ihn an seinen Rücken. Er weiß nicht, weshalb er diese Verbindung empfindet. Tashi hält sich immer wieder an den Kopf wegen des Drucks, den er immer noch spürt. Wie auch bei Rosenquarz kennt Malachit seine Gedanken. Und es antwortet prompt:

„Vielleicht fühlst du das, weil die DNS-Stränge der Wirbelsäule entlangfließen. Die Seelen Nadis empfängt das Licht aus der Zentralsonne. Und aus dem Kern des Erdinneren fließt die Kraft wieder durch den Körper zurück. So fließen die Energieströme entlang der Wirbelsäule auf und ab. Da ich, Malachit, Hüter/in der DNS-Geschichte des Planeten Erde bin, fühlst du bereits dein Erbgut erwachen. Und das hat mit der Wirbelsäule zu tun."

„Wohl so ähnlich, wie ich das auf meiner Regenbogenreise im Zauberwald mit meinem Vater, der Schlange und Raphael erfahren habe. Die Krone nimmt die Energien auf, die Wurzel leitet sie weiter und umgekehrt."

Malachit nickt anerkennend, dass sich Tashi noch an diese Begegnung erinnern kann.

„Ja genau so. Schön, dass du das so klar verankert hast in deiner Erinnerung!"

Auch Ramosh ist erstaunt, sein kleiner Bruder ist ja ein ganz aufmerksames Wesen. Er neigt sich ihm entgegen und flüstert:

„Geht's jetzt wieder etwas besser mit deinen Schmerzen?"

Tashi freut sich über die Anteilnahme seines Bruders.

„Die Krämpfe lösen sich langsam, es ist aber noch nicht ganz vorbei."

Tashi strahlt seinen Bruder an.

„Weißt du Ramosh, neben dir habe ich mich immer so klein gefühlt, so unwichtig. Du erscheinst mir so stark und groß, und so schön auch! Ich wäre immer gerne so gewesen wie du."

Ramosh bleibt stehen und kann es nicht fassen. Er ist betroffen. Davon hat er nie was bemerkt. Im Gegenteil, die Aufgabe, die Tashi von der Zentralsonne aufgegeben wurde, ist eine Ehre für die ganze Familie.

„Hast du nicht gewusst, dass du unter vielen ausgewählt wurdest, diese Reise ins Schattenland zu unternehmen und die Dinge, die sich getrennt haben, wieder zu vereinen? Du tust es sowohl für dich als auch für das Kollektiv. Vor allem für das Kollektiv. Das hast du wirklich nicht gewusst? Selbst Rosenquarz hat das angedeutet, nämlich Einzelteile oder Getrenntes wieder zu vereinen! Möglicherweise hast du das damals zu wenig registriert."

Ramosh stellt sich ganz aufrecht und gerade hin. Er ist von beeindruckender Statur! Tashi nimmt das zur Kenntnis, ohne etwas zu sagen.

„Du hast also nicht gewusst, was deine Reise zur Erde bedeutet Tashi? Ich fasse es nicht!"

Ramosh schlägt die Hände zusammen. Das hätte man seinem Bruder doch sagen sollen bei seinen Vorbereitungen, bevor er über den Regenbogen geschickt wurde?

„Ich fühlte mich verletzlich und eher scheu. Eigentlich weiß ich gar nicht, wie viel Kraft in mir steckt. Ich bin kein Rowdy, kein Radaubruder, ich liebe die Stille. Die Macht der Stille, die Natur mit ihren Devas sind mein Ort, an dem ich mit allen Dingen verbunden bin. Da fühle ich mich wohl. Unter den Menschen fühle ich mich sehr oft als Nonkonformist. Ich passe einfach nicht in die Erwartungen der Gesellschaft. Ich fühle mich in dieser Oberflächlichkeit gelangweilt und total unterfordert, weil das Wesentliche, das wirklich Interessante, nicht besprochen wird. Man lernt so wenig über die tieferen Zusammenhänge des Lebens und deren Auswirkungen!"

Es ist sehr still. Tashi schaut in die weite Ferne, er empfindet ein tiefes Sehnen, ohne zu wissen, nach was. Er antwortet leise:

„Nein Ramosh, das wusste ich nicht. Hätte ich es gewusst, hätte ich diese Reise nie begonnen! Ich wollte ja gar nicht ins Schattenland reisen, auch wollte ich meinen Aufenthalt im Erdenland mehrmals terminieren! Ohne Erfolg ... wie du siehst, ich bin immer noch da!"

Entsetzt betrachtet Ramosh, der große Bruder, seinen so willensstarken kleinen Bruder. Worte bringen hier gar nichts. Also schweigt er, tief bewegt über das traurige Geständnis. Die beiden stehen da, jeder in seinen eigenen Gedanken verloren. Nur unweit von den leuchtenden Säulen.

Sein kleiner strahlender Bruder wollte mehrmals sein Menschenleben terminieren? Das sitzt tief! Unglaublich. Wie verzweifelt muss Tashi gewesen sein, solche Gedanken überhaupt zu unterhalten? Was ist mit seinen Menscheneltern? Seinen Menschenfreunden? Bemerken die denn sowas nicht? Da müssten doch leise Anzeichen sichtbar sein?

Sind es nicht eher die stillen Wesen, denen man spezielle Aufmerksamkeit schenken sollte? Haben das die Menschen immer noch nicht kapiert?

Oder hat Tashi vielleicht eine Maske aufgelegt und sie einfach perfekt gespielt?

Überhaupt, ist nicht das ganze Menschsein eine Rolle, die auf Erden gespielt wird?

Wut steigt in ihm auf, seine Emotionen machen gerade Salto. Er weiß schon, weshalb er und auch ihre gemeinsame Sternenmutter die Menschenwelt gemieden haben!

Ramosh atmet immer wieder tief durch, er kann es einfach nicht fassen.

Malachit lässt die Brüder in Ruhe, jeder absorbiert in seinen Erinnerungen und Überlegungen.

Gemächlich und ohne Aufheben hüllt er die beiden ein und führt sie stillschweigend und sanft weiter. Malachit hat sich gerade entschieden, Tashi eine kleine Freude zu bereiten.

Sie wandeln noch etwas tiefer in die beruhigende, sich weiter ausdehnende grüne Lichtintelligenz. Malachit fordert die beiden auf, sich hinzusetzen und Tashi bekommt ein seltsam aussehendes Fernrohr überreicht. Sie sitzen wieder auf einem weichen Stück Gras wie schon vor der Abreise. Tashi nimmt den herrlichen Duft des Grases wahr und atmet diesen feuchten frischen Schwall tief ein.

Ramosh setzt sich nahe neben seinen Bruder und betrachtet ihn verstohlen. Tashi muss unglaublich willensstark sein! Die Wertschätzung und Achtung für seinen Bruder nehmen augenblicklich zu. Er bereut es sehr, damals beim Abschied aus dem Regenbogen nicht dabei gewesen zu sein. Erst jetzt erkennt er wirklich, wie widerwillig Tashis Bereitschaft war, die Reise ins Schattenland überhaupt anzutreten! Die Sternenmutter und seine Schwester haben es ihm erzählt, damals. Er versteht den Widerwillen sehr wohl, da er sich ja selber seit Äonen nicht mehr in die Menschenwelt begeben hat. Er seufzt laut auf, umarmt seinen kleinen Bruder, um ihm stille Anteilnahme zu zeigen.

Tashi lächelt, freut sich und ist sehr dankbar, dass sie zusammen sein können.

Er geht nicht weiter ein in das eben gesprochene traurige Thema.

Malachit lenkt jetzt zurück zum Fernrohr.

„Damit, mit diesem seltsamen Fernrohr mein Lieber, siehst du in andere Wirklichkeiten. Setze dich bequem hin und lass dich überraschen. Du musst nicht suchen, das, was du suchst, findet dich!"

Er weiß zwar nicht bewusst, was er sucht, aber es sind schöne Worte und er wiederholt sie in seinem Geist:

Du musst nicht suchen, denn was du suchst, findet dich! Hmmm…

Er vertraut Malachit und hebt nun das seltsame Ding auf, um hindurchzuschauen.

Anaisha

Es zieht ihn wie einen sanften Sog direkt in das Ding, ohne dass er seinen Sitzplatz verlässt. Er hört Ramosh neben ihm leise atmen. Der Sog dauert auch nicht lange und er sieht eine schwangere schöne junge Frau ganz in Grün gekleidet. Sie ist zwar weit weg, aber eben doch nicht. Sie schaut jetzt direkt in das seltsame Fernglas, das nicht wirklich eines ist, und schmunzelt. Das Schmunzeln, ja das erinnert ihn an irgend jemanden. Er möchte gerne Ramosh anschauen, aber das geht nicht, sonst würde er den Fokus durch das Glas verlieren.

Die junge Frau trägt etwas Seltsames um ihren Bauch, es ist seitlich am Kleid angenäht. Das Kleid ist reich mit Blumen und Pailletten dekoriert und steht ihr ausgezeichnet.

Sie beginnt zu lächeln und ruft seinen Namen. Sie hat eine wohlklingende leichte Stimme. Diese Stimme, aber ja, natürlich! Er erkennt sie gleich wieder. Es ist die melodiöse Stimme seiner Schwester, die er hinter dem Regenbogen lassen musste.

„Ana? Anaisha bist du das? Bist du das wirklich? Ach, wie schön dich zu sehen! Echt? Ich kann's kaum glauben!"

Er will sich neu hinsetzen, um sie klarer zu sehen, dabei wackelt er heftig mit dem Fernrohr. Er korrigiert sofort wieder, das will er doch auf keinen Fall verpassen!

„Wow, Malachit und Moldavit meinen es gut mit mir. Erst hat mich Ramosh überrascht und jetzt darf ich dich auch noch sehen! Mein Gott, ist das toll! Hach, ich möchte dich am liebsten umarmen, aber du bist weit weg und das Ding hier ist voll komisch, aber es funktioniert total gut. Ich kann dich so gut sehen, wow!"

Tashis Stimme ist voller Freude und herzlicher Überraschung. Er wollte sich gerade nach Ramosh umdrehen, um die Freude mit ihm zu teilen. Aber dabei verliert er Anaisha erneut aus dem Fokus. Er konzentriert sich und jetzt sieht er sogar seine Sternenmutter neben Anaisha stehen.

Völlig erstaunt ruft er aus:

„Oh, du bist auch dort Sternenmutter? Wer ist denn bei Klara?"

„Junge, Junge, sorge dich nicht! Ich kann gleichzeitig an verschiedenen Orten sein. Klara ist mit mir und mit Moldavit bei ihrem gemütlichen Platz beim Baum und der Ahnenbank. Und ein anderer Teil von mir ist mit Anaisha."

Die Antwort seiner Sternenmutter beruhigt ihn. Das Shapeshifting und die multidimensionalen Aktivitäten seiner Sternenmutter sind ihm mittlerweile bekannt.

„Anaisha, es ist so schön dich wiederzusehen. Es scheint eine kleine Ewigkeit her zu sein. Ich habe oft Heimweh. Aber meine Aufgabe hier ist offensichtlich noch nicht zu Ende. Oder beginnt erst jetzt so richtig. Was ist das um deinen Bauch? Wer ist der Vater des Kindes? Wie geht es dir? Ramosh ist auch mit mir. Wir sind gerade mit Malachit unterwegs. Kommt ihr beide miteinander zu mir? Aber du kommst wieder Sternenmutter? Ja, bitte?"

Die beiden Frauen lachen. Mein Gott, so viele Fragen auf einmal, sie sprudeln nur so aus ihm heraus. Tashi ist ganz aus dem Konzept, weil er sich so freut. So oft hatte er starkes Heimweh in seine lichten Welten und jetzt kommt seine Familie zu ihm, da er noch nicht zurück über den Regenbogen darf.

Dieses Wiedersehen ist ein großes Fest und schenkt Tashi die Unterstützung, die er so dringend braucht, um seine Erden-Reise weiter zu gestalten.

„Tashi, welche Frage soll ich zuerst beantworten?"

Anaisha macht eine neckische Bewegung und sendet ihm eine Kusshand.

„Also Tashi, guck mal das seltsame Ding, das ich um meinen Bauch trage. Das ist ein Wehenkreuz. Ich trage es als Unterstützung, als Amulett, um die Schwangerschaft zu erleichtern. Während ich es in der Schwangerschaft trage, nimmt es die Schwingungen von mir und dem noch ungeborenen Kind auf. Alles, was ich tue, wie ich mich fühle, wie ich behandelt werde während der Schwangerschaft, nimmt das Wehenkreuz auf und speichert es.

Das Wehenkreuz ist ein Schutzschild bestehend aus Malachit-Steinen. Es hilft auch bei der Geburt die Schmerzen zu lindern. Wenn ich singe, fröhlich oder kreativ tätig bin, wenn ich ausgeglichen und gelassen bin, ist das Kind ruhig und nimmt diese Informationen auf. Nach der Geburt wird diese Information, die während der Schwangerschaft vom Malachit gespeichert wurde, zurück an das Kind ausgestrahlt. Schön nicht? Man ist dann innig und sehr bewusst, wachsam und aufmerksam mit dem Kind, das man in sich trägt, verbunden. Nach der Geburt übermitteln die gespeicherten Erinnerungen im Malachit das Kind und beruhigen es in seiner neuen Umgebung außerhalb des schützenden Mutterleibes.

Und nein, den Vater meines Kindes kennst du nicht. Und ja, wir vermissen dich auch. Mir fehlen deine sanfte Ruhe und dein Wuschelkopf, bei dem ich deine Haare zerzausen kann. Du fehlst mir auch."

Tashi schnieft, wenn das so weitergeht, beginnt er vor Freude über dieses überraschende Wiedersehen gleich zu heulen. Ramosh berührt ihn ganz leicht an den Schultern, um ihn wissen zu lassen, dass er auch noch für ihn da ist. Tashi sucht mit einer Hand die von Ramosh. Er kann jetzt das seltsame Fernrohr nicht loslassen.

Er hätte noch so viele Fragen. Er betrachtet seine Schwester, die einen leichten Glanz ausstrahlt, sie scheint sehr zufrieden zu sein. Das Kind wird ein Junge werden, das kann er sehen. Ob sie es weiß?

Anaisha hat seine stille Frage gehört.

„Ja ich weiß es, Tashi. Wir sind hier viel offener und durchlässiger als die Wesen im Menschenkleid. Wenn der Junge meinen schönen Brüdern ähnelt, bin ich sehr zufrieden. Und wenn sie erst noch so weise sind, gibt's nichts mehr zu beklagen. Ihr seid mir tolle Vorbilder!

Eines Tages werden wir wieder alle zusammen sein, am selben Ort. Wiedervereinigung, wie Rosaline es dir gezeigt hat. Vergiss es nicht Tashi. Wir sind bereits Netzwerk-mäßig verbunden. Immerhin haben wir gerade Kontakt miteinander aufgenommen. Wenn du deine Frequenz im Menschenkleid noch weiter erhöhst, können wir uns sehen und miteinander kommunizieren. Ist doch toll, nicht wahr?"

Tashi hat gebannt zugehört. Er ist so dankbar, dass Ramosh mit ihm in der gleichen Wirklichkeit verweilt und dass er seine geliebte Schwester wiedersehen darf. Jetzt erinnert er sich, was sie ihm vor seiner Abreise über den Regenbogen zugeflüstert hat. Nämlich, dass sie bald schwanger werden würde, das wusste damals nur er. Es war noch ein Geheimnis.

Malachit verstärkt jetzt die Energien, langsam wird es Zeit, weiterzugehen. Die beiden Brüder spüren den Druck. Tashi will seine Sternenmutter nochmal sehen, darauf hat er noch keine Antwort erhalten.

„Ja mein Junge, natürlich werde ich wieder bei dir sein. Ich bin eine Königin im Shapeshifting. Wenn du von Malachit zurückkehrst und Moldavit dich unterrichtet hat, treffen wir uns wieder bei Klara und beim Baum auf der versteinerten Holzbank. Aber bis dahin bleibe ich bei Anaisha. Ich habe dich lieb, mein Junge."

Sie spricht leise segnende Worte in Sternensprache, denen er mit geschlossenen Augen zuhört. Es sind Kodierungen, die in seinen Zellen Erinnerungen an seine Sternenzugehörigkeit aktivieren. Als die Segnung beendet ist, öffnet er die Augen und ein paar letzte Worte des Abschiedes werden ausgesprochen. Auch Ramosh verabschiedet sich von seiner Schwester und wünscht ihr eine erfolgreiche Schwangerschaft. Sie werden sich zu einem späteren Zeitpunkt zur Geburt alle wieder treffen.

Tashi winkt den beiden noch lange zu. Langsam wird das Fernrohr schwer, nur ungern löst er sich von der Verbindung mit seiner Schwester und der Sternenmutter. Ramosh nimmt ihm das Fernrohr ab und gibt es zurück an Malachit.

„Das war ja toll Malachit. Vielen Dank für diese Begegnung. Meine Schwester zu sehen und Ramosh bei mir zu haben, ist ein großes Geschenk! Danke."

Tashi hängt sich fröhlich bei Ramosh ein und er erzählt seinem Bruder, wie schön ihre Schwester geworden ist. Ramosh freut sich mit Tashi über diese geglückte Überraschung von Malachit. Sie werden Anaisha ja beide bald wiedersehen. Was auch immer *bald* in diesen Dimensionen bedeuten soll.

Malachit führt die beiden Brüder tiefer hinein in das grüne Licht. Tashis Schmerzen haben mittlerweile wirklich nachgelassen. Sie spazieren schwebend weiter, bis sie erneut angehalten werden. Tashi verspürt Druck, sobald Malachit aktiv wird.

„Ich möchte euch hier etwas zeigen. Jetzt seid ihr ganz schön weit über der Erdoberfläche und habt gute Übersicht über die Landschaft. Ich werde euer drittes Auge etwas öffnen, damit ihr erfassen könnt, was ich zu zeigen habe."

Malachit verweist die beiden auf eine Aussichtsplattform, die einfach im grünen Raum schwebt und von vier hohen Säulen gehalten wird. Tashi wird in einem einzigen Schwung auf die Plattform gehoben, während Ramosh die spiralförmige Treppe, die sich in der Mitte der vier Säulen unterhalb der Plattform befindet, hochsteigt. Er lässt sich Zeit, denn auf jeder Stufe kann er Inschriften, die auf den Säulen eingeritzt sind, lesen. Es ergibt einen Sinn, den er noch nicht ganz entziffern kann. Aber er ahnt bereits das noch unbekannte, geheimnisvolle. Es lässt sich tiefer ein auf die Zeichen. Er lässt seine Hände über den Symbolen verweilen und versucht eine Verbindung zu ihnen herzustellen. Verschiedene Lebenszeiten, die er auf Erden verbracht hat, hat er total vergessen. Sie waren zu ganz anderen Zeitlinien geschehen als die jetzige Wirklichkeit. Hunderttausende von linearen Jahren muss es her sein. Ramosh erkennt vertraute Symbole. Sie zeigen Lichtschiffe, nicht menschlich aussehende Gestalten, die klar andeuten, dass sie aus einem anderen galaktischen System stammen. Treppe für Treppe steigt er weiter, lesend und fühlend, was die alten Inschriften beweisen. Langsam wacht auch seine Erinnerung auf. Ein leises Surren beginnt in seinem Kopf und er beginnt Bilder aus längst vergangenen Zeiten zu sehen. Ein Bild beeindruckt ihn sehr. Malachit ist ein Erbstück aus einem anderen Sternensystem, das über die Lichtbrücke auf Planet Erde, zu Gaia gebracht wurde. Die Informationen, die das Wesen des Malachits ausmachen, sind nicht rein planetarisch. Es wurde hierher gebracht, um die Entwicklungsgeschichte des Planeten sozusagen zu speichern. Somit haben sich planetarische Elemente mit dem Wesen des Malachits vermischt und können nun auch von dessen Heimatsystem gelesen werden.

Viele nicht irdische, unterstützende und weniger positiv gepolte Wirklichkeiten wollen beobachten, wie sich das Geschehen auf Planet Erde entwickelt. Teilweise haben diese Wirklichkeiten ihre eigenen Spione und Botschafter auf Gaia eingeschleust.
Die Reise über die Lichtbrücke ist Ramosh sehr vertraut. Das scheint er oft gemacht zu haben. Tut er auch jetzt wieder, um seinen Bruder zu besuchen.
Er wird das Wissen um das Zeitreisen wohl wieder neu aktivieren, um wichtige Informationen mit Tashi austauschen zu können.
Möglicherweise war er ja mit dabei als Malachit-Überbringer? Vielleicht ist er ja genau jetzt wieder ins Schattenland gekommen, um die Erinnerung an sich selbst und sein Talent, das Zeitreisen, wieder aufzunehmen? Vieles wird ihm jetzt klarer, aber er liest weiter, beachtet seine nähere Umgebung gar nicht mehr.

Gaia = die Erde als Lebewesen/die personifizierte Erde

Währenddessen verstärkt Malachit das Licht und Tashi spürt den erneuten Druck sofort. Er schaut in die endlose Ferne ohne Ziel. Er spürt starke Erdenergie, obwohl er sehr weit oben in der Atmosphäre schwebt. Er schaut sich nach Ramosh um, der ganz vertieft den Inschriften folgt. Malachit ist jetzt bei Tashi und hält ihn sanft an den Schultern.

„Tashi vertraust du mir?"

Tashi ist erstaunt über diese Frage. Weshalb sollte er nicht vertrauen?

„Weil du vorhin Angst hattest, als Moldavit und ich zu dir gekommen sind. Ich möchte nur, dass du dich wohl und vertrauensvoll fühlst. Damit du möglichst viel von meiner Information mit in deine Menschenebene mitnehmen kannst."

„Ich glaube schon, Malachit, ich denke, ich bin bereit für die nächste Runde?"

Malachit lacht. „Nun, dann zeige ich dir, was ich sonst noch bin."

„Wie du bereits bei deiner Schwester Anaisha gesehen hast, bin ich nicht nur der Stein der Schwangerschaften und Geburten. Ein Menschenwesen kann sich jeden Tag zu etwas Neuem gebären oder man kann mit Ideen schwanger sein. Das kann auch metaphorisch verstanden werden. Aber schau mal."

Malachit verstärkt seine Kraft noch mehr und sendet ein strahlend weiß-grünes Licht wie ein Laserstrahl in die weite Distanz.

Hinter den Horizont, hinter dem Bekannten und Vertrauten.

Tashi atmet tief ein und versucht, dem endlos strahlenden Laser-Bündel zu folgen.

„Das ist meine Information. Ich reiche tief hinein in das Wesen des Planeten Erde. Ich habe viele Rassen, Kulturen, Zivilisationen, Spezies kommen und gehen gesehen. Mit meinen weiteren Zellendepots, die tief in der Erde verteilt und begraben sind, tauschen wir gegenseitig Informationen aus. Wir sind ein geomagnetisches elektrisches Netzwerk tief verwurzelt in den Kraftlinien des Planeten. Überall verstreut auf diesen Kraftlinien liegen unsere Depots, nicht nur Malachit-Depots versteht sich. Auch andere Kristallwesen senden ihre Energien über dieses Netzwerk in die Urtiefen dieses Planeten.

Unsere Informationen führen immer wieder zum Mittelpunkt der einen Ur-Zelle.

Ich bin ein großer Fund an Reichtum aller Art. Stell dir vor, schon König Salomon hat sich an meiner Schönheit bereichert. Er besaß nicht nur Goldminen, sondern auch Malachit-Minen.

Der weise Salomon, der wusste, wie man Schätze richtig einsetzt und verteilt! Wie man mit ihnen handelt und das Netzwerk seines Reiches ausdehnt und erweitert! Er hat um die Kraftpunkte des Planeten gewusst und sie weise benutzt. Von diesem Wissen wird dir zu einem späteren Zeitpunkt mehr vermittelt. Alles schön der Reihe nach ja?

Ich möchte auch noch erwähnen, dass ich ein großer Schutzstein bin, da ich so vieles schon gesehen habe und weiß, welche Gefahren einem Wesen zustoßen können. Meine Kraft ist stark, deshalb verwenden die Menschen mich auch gegen den sogenannten bösen Blick. Diese Kraft hast du ja zu Beginn unserer Begegnung erfahren, nicht wahr Tashi?"

Tashi verdreht die Augen, natürlich kann er sich erinnern. War ja peinlich genug! Er erwidert lieber nichts zu Malachits Feststellung.

Malachit lächelt Tashi an, um zu sehen, ob er alles kapiert hat. Noch immer schmeichelt sich die Energie um Tashis Schultern. Tashi hat gelernt, die intensive Kraft von Malachit zu verankern, ohne dass er weiter unter starken Schmerzen leiden muss. Malachits Heilkraft wirkt stark krampflösend.

Und noch etwas hat Tashi begriffen. Da er selbst aus einem anderen Sternensystem über die Regenbogenbrücke auf die Erde kam, fühlt er sich mit Malachits Wahrheit sehr verbunden. Wie auch er, hat Malachit seinen Ursprung nur teilweise auf der Erde. Tashi lächelt zurück. Diese Erkenntnis befreit ihn und er fühlt neue Kraft in sich.

Er beobachtet wieder den weiß-grünen Laserstrahl, den Malachit immer noch in die weite Distanz aussendet. Er dreht sich um, um Ramosh zu suchen, der jetzt gerade die letzte Stufe erreicht hat und auch auf die Plattform kommt.

„Ramosh, guck mal den Laserstrahl von Malachit. Ich kann gar nicht sehen, wo der aufhört."

Ramosh schlendert zu seinem Bruder und legt eine Hand freundschaftlich auf seinen Rücken, mitten auf das Herzzentrum. Zusammen betrachten sie den endlosen, gleißenden Laserstrahl.

Malachit zeigt den beiden, wie Informationen gesammelt

werden. Die auf den Kraftlinien deponierten Malachite, die weltweit verteilt liegen, sammeln die Geschichte des jeweiligen Ortes und senden diese weiter an die Hauptquelle der Malachit-Depots in der Erde und außerhalb des planetarischen Systems. Es basiert alles auf Schwingungen, die Informationen, ein Netzwerk höherer Intelligenzen, weiterleiten.

„Man könnte mich auch die Chroniken der Erde nennen oder die Bücherei. In meinen Büchern ist die Geschichte des Planeten gespeichert. Tiefgreifende geologische Veränderungen, Zivilisationen, die gekommen und verschwunden sind. Intergalaktische Zusammenarbeit mit der Erde, die Evolutionsgeschichte, so vieles ist in meinem Wesen gespeichert.

Und weil das so ist und ich gleichzeitig Informationen aus der linearen Zukunft der Erde gespeichert habe und diese nun zu pulsieren beginnen, kann man mein Wesen als ‚Gebärstein' in das neue Zeitalter der Menschheit verwenden. So können eingesperrte oder unterdrückte und verdrehte Zellinformationen freigelegt werden!"

Tashi und Ramosh hören gebannt hin. Das ist ungeheuerlich wissenswert, Tashi ist begeistert über diese Neuigkeiten. Er ist überaus dankbar für das Geheimnis, das Malachit mit ihnen teilt. So kann er nämlich selber aus der linearen Zeitlinie aussteigen und sein eigenes Zukunftsselbst in das Menschenkleid integrieren und verankern. Und vielleicht kann er energetisch mit Malachit den unsichtbaren Kraftlinien des Planeten entlangreisen, um weiteren verborgenen Geheimnissen auf die Spur zu kommen?

Er schaut Ramosh an und ist ganz glücklich, dass er das nun endlich tun kann. Ramosh sagt nichts, aber drückt Tashis Hand als Bestätigung, dass er verstanden hat.

Tashi denkt an seine Wächter, die zurückgeblieben sind bei den Säulen. Sie werden selber gründlich umprogrammiert und verweilen in einer kurzen Quarantäne. So wie er, werden auch sie durch diesen Vorgang geschleust; die Auflösung alter Polaritätsstrukturen der Machtkämpfe und Fesselungen alter biologischen Machenschaften.

Malachit spricht weiter:

„Die Menschheit lebt in einer Zeit des Wiedererwachens aus ihrer komatösen geistigen Umnachtung und dem Tiefschlaf. Dies erlaubt ihnen, blockiertes Wissen freizuschalten. Mein Wesen ist unbegrenzt, weise und hilfreich in beinahe allen Lebenslagen. Grundsätzlich öffne ich die Herzenergie. Hier werden Informationen aus allen Systemen ausgetauscht. Alles im Universum ist ein Spiegel des noch größeren Spiegels."

Malachit deutet auf die Hand von Ramosh, die er unbewusst auf das Herzzentrum seines Bruders gelegt hat.

Ramosh lacht: „Na ja, es gibt eben doch keine Zufälle nicht?"

Malachits Energie ist wirklich von großer Kraft. Die beiden nehmen auf, was sie können. Ramosh erinnert sich an einige intergalaktische Reisen, die er zur Erde unternommen hat. Beim Lesen der Symbole und Worte hat sein Wesen stark darauf reagiert.

Tashi hingegen spürt eine große Ruhe, die sich tief in ihm ausbreitet. Er ist gelassen, nimmt alles auf, ohne es zu beurteilen. Malachits Worte haben viel Resonanz in ihm gefunden.

Die Brüder stehen vertieft in den Anblick des Laserstrahls und denken über das Gesagte nach.

In seiner Träumerei hört Tashi Blätterrauschen aus ferner Distanz. Er schließt wie immer die Augen, um sich besser zu konzentrieren. Ja, es ist ganz klar sein Baum, der sich meldet. Obschon die beiden weit oben in der Atmosphäre auf einer schwebenden Plattform stehen, kann er seinen Freund, den Baum, klar hören. Auch Ramosh streckt seine Schultern und steht kerzengerade hin, ohne den Laser aus den Augen zu lassen.

Der Wind wird stärker. Malachit verändert sein dunkles Grün in sehr helle grüne, beinahe weiss erscheinende Licht Schattierungen. Die Farbenpracht ähnelt einem Aurora-Sturm, groß, mächtig und intensiv. Tashi und Ramosh beobachten den Wandel und staunen über diesen imposanten Aurora Farbenrausch.

Auf einmal gesellt sich Moldavit zu ihnen auf die Plattform. Einfach so. Schnell und unkompliziert wie immer in diesen Dimensionen.

Die Wesen des Malachit und Moldavit scheinen sich wirklich gut zu kennen. Sie sind sehr vertraut miteinander. Die Kraft, die jetzt ausgestrahlt wird, ist enorm. Die beiden Brüder sind überwältigt und beobachten mit großen Augen, wie sich die beiden grünen Lichtwesen unterhalten.

Die Atmosphäre knistert, lebt und ist mit Spannung und Elektrizität geladen.

Ramosh schaut zurück zum Laserstrahl. Er kann etwas erkennen, das rasend schnell näher kommt. Auf dem Laser erscheint ein glasiges grünliches Gefährt. Es ist durchsichtig. Die Lichtkugel, die sich schnell nähert, blitzt und leuchtet immer wieder auf, wenn sich die vielen Grüntöne verändern. Sie kommt sehr schnell und geräuschlos näher. Tashi hat die Kugel jetzt auch gesehen und sucht Schutz in Ramoshs Nähe.

Eine kleine Elfe, die mit der Kugel gekommen zu sein scheint, schwebt direkt vor ihren staunenden Gesichtern. Sie ist von einem schimmernden Energiefeld umgeben, das beinahe aussieht, als hätte sie zarte Flügel. Ramosh ist sogleich verzaubert. Sie erinnert ihn an etwas, das er vergessen hat.

Die beiden Brüder schauen sich verwundert an und prusten los. Die Elfe schaut sich die beiden genau an, ohne sich über ihr Prusten zu stören. Sie hat große, leicht schräggestellte grün-türkis farbige Augen. Ihre Haare wehen wie Federn und sind silbrig mit Gold durchwirkt. Sie trägt ein leicht silbernes, violett-blau schimmerndes Kleidchen. Dabei wirkt sie ungeheuerlich zart, aber ihre Augen strahlen eine große, den Brüdern noch unbekannte Kraft aus.

Die drei werden in ihrer gegenseitigen Betrachtung von den Stimmen der Steinwesen unterbrochen.

Malachit und Moldavit sprechen gleichzeitig und in einer Stimme auf die Brüder ein:

„Hier kommt noch eine weitere Überraschung, nämlich ein großer Meister der Manifestation. Er stellt euch den Ur-Ton der Töne vor. Wie ihr sicherlich bereits wisst, Klang oder Töne schwingen etwas in Form! Es ist der Weltenklang, den wir euch schenken möchten, damit ihr beide in der gleichen Oktave des neuen Weltenbewusstseins schwingt. Auch für dich Ramosh, da du von nun an vermehrt Zeit mit deinem Bruder verbringst, müssen deine Zellenschwingungen an das planetarische Erden Bewusstsein angepasst werden!"

Hermes Trismegistos und der Ur-Ton

Tashi schaut seinen Bruder an, er fühlt die Worte, aber im Verstand versteht er gerade gar nicht viel von dem Gesagten. Vielleicht ist das im Moment auch nicht wichtig, weil Ramosh um die Schwingungen eines Tones weiß.

Verträumt betrachtet er wieder die zarte Elfe und lächelt ihr entgegen. Sie lächelt zurück und ein magisches Band formt sich zwischen den beiden.

Ramosh versteht das, was Malachit und Moldavit gesagt haben, gut, er wird es Tashi wohl zu einem späteren Zeitpunkt noch ausführlicher erklären.

Dass sie hier einen Ur-Ton erleben dürfen, ist eine Ehre und ein Erlebnis von großer Magie, das kapiert auch Tashi.

Er hält die Hand der Elfengestalt entgegen, ob sie vielleicht zu ihm kommen möchte? Er schaut sie fragend an. Sie reagiert nicht auf Tashis Einladung, sie bleibt wie eine Libelle an Ort und Stelle schweben und betrachtet beide Brüder. Jetzt fliegt sie einige Male hin und her und spielt mit ihnen. Sie will ihre Reaktionen erforschen, will herausfinden, wie die beiden auf ihre Gegenwart reagieren.

Moldavit und Malachit haben die Elfe natürlich bereits gesehen, aber sich auf den Laser fokussiert.

Die beiden Steinwesen leuchten ihre ganze Kraft auf die ankommende Lichtkugel. Man hört kaum einen Laut, weil alles auf magnetischen Wellenfrequenzen funktioniert. Die Kugel ist nun auf der Plattform gelandet. Sie hat ihre Größe mehrere Male verändert und ist jetzt relativ klein. Malachit öffnet die durchsichtige Verdeckung und heraus steigt Hermes Trismegistos. Seine Erscheinung ist von enormer majestätischer Qualität. Er ist groß, kräftig und von Licht durchflutet.

Tashi und Ramosh stehen da wie Statuen, sie sind völlig aus dem Konzept gebracht. Ramosh hat großen Bedarf sich plötzlich zu verneigen. Er hat Respekt vor diesem großen kosmischen Meister. Tashi ist endgültig eingeschüchtert und kann es kaum glauben, dass sie so hohen Besuch wert sind.

Tashi beobachtet gerade noch, wie sich die Lichtkugel in ein kleines Etwas auflöst. War diese Kugel nicht zu klein für den großen Meister? Er versteht das alles nicht. Muss wohl mit seiner Wahrnehmung zu tun haben! Im kosmischen Reich gibt es unzählige Geheimnisse, die einfach nicht in den Verstand passen wollen.

Meister Trismegistos, Malachit und Moldavit begrüßen sich wie alte Freunde. Die Elfe fliegt direkt auf die majestätischen Schultern des Hermes Trismegistos, der sie wie eine alte Bekannte begrüßt.

Die Brüder schauen hingerissen zu. Alle sind sie Besucher aus anderen Sternensystemen und kennen die galaktische Geschichte sowie die Geschichte des Planeten Erde.

Hermes Trismegistos erklärt schmunzelnd, indem er sich den verblüfften, staunenden Brüdern zuwendet:

„Ich war einer der ersten Boten, die den Planeten Gaia besucht hat, vor Äonen langer Zeit. Mein jüngster Besuch war erst vor kurzem im alten Atlantis!"

Hermes Trismegistos schaut die verdutzten Brüder an. Er hat freundlich mit tiefer wohlklingender Stimme zu ihnen gesprochen. Er wendet sich zur Elfe, die bis anhin noch kein einziges Wort gesprochen hat, zwinkert ihr zu und streichelt sanft ihr schillerndes Kleidchen.

Die drei kosmischen Kräfte, Hermes Trismegistos, Malachit und Moldavit, lächeln Tashi und Ramosh an. Die Brüder wissen nicht, oder wollen es nicht wahrhaben, dass auch sie Meister sind und schon oft durch die Zeit gereist sind. Die beiden sind Lichtbrüder aus Atlantischen Zeiten. Sie schauen sich an, wissen aber nichts darauf zu erwidern. Man muss das alles erst mal annehmen, was hier in so kurzer Zeit passiert. Verdutzt stehen sie da, grinsen sich an und kommen nicht aus dem Staunen heraus.

Meister Hermes Trismegistos berührt die Brüder und weist sie an, nochmal zurück zum Laserstrahl zu schauen. Sie kommen dieser Aufforderung nach und sehen zu, wie sich der Laser in wunderschöne oszillierende Wellenbewegungen verwandelt.

Tashi möchte sich auf die Plattform hinsetzen, die Kraft, die hier ausgeströmt wird, ist überwältigend. Er vermisst gerade seine geliebte Ahnen-Holzbank sehr. Also setzt er sich hin und Ramosh schaut fragend zu Hermes Trismegistos, ob das okay sei, wenn er sich zu Tashi setze. Das sei selbstverständlich.

Also setzen sich die beiden und Malachit zaubert das Stück Gras, das gleiche Gras, auf dem sie aufgestiegen sind, auf die Plattform, damit sie weich sitzen können. Die Brüder sind entzückt. Das fühlt sich herrlich an und duftet wunderbar nach frischer Erde. Ein gutes erdiges Gefühl ist jetzt gerade richtig.

Die beiden warten, was weiter geschieht. Hermes Trismegistos steht am Ende des Laserstrahls, um die Wellenbewegung aufzufangen und sie direkt zu den Brüdern zu leiten. Malachit und Moldavit umhüllen die beiden und formen eine ätherische Pyramide in den vielfältigsten grünen Farben. Man muss unweigerlich wieder an den Farbenrausch einer Aurora denken.

„Nicht erschrecken, Tashi und Ramosh, wir führen euch auf eine Reise. Entspannt euch und dann geht's gleich los."

Die Brüder schauen sich an, sie kneifen sich gegenseitig in die Arme, um sich zu verbünden. Eine weitere Reise innerhalb dieser Reise … dieser Reise …

Dann schauen sie beide auf den wartenden Hermes Trismegistos, um ihre Bereitschaft zu bekunden.

Die Elfe bewegt sich auf den Schultern des Meisters, fliegt langsam vor ihn hin. Sie möchte sich den Brüdern gerne vorstellen. Der Meister nickt und lässt sie gewähren. Dann wendet sich die Elfe den beiden zu:

Pixie

„Ich bin Pixie."

Sie lächelt das bezauberndste Lächeln und ihre schönen Augen blitzen wie Feuer.

Sie ist in etwa so groß wie eine wohlgeformte Hand und irgendwie sehr menschenähnlich. Natürlich viel, viel verfeinerter.

„Pixie?", wiederholen beide Brüder zur gleichen Zeit. Ramosh fragt Pixie:

„Womit haben wir deinen Besuch verdient?"

„Verdient? Wirklich! Schöne Brüder! Im Universum muss man sich nichts verdienen, man muss nur lernen, mit den jeweiligen Feldern umzugehen, um sich mit ihnen zu verbinden! Ganz gratis kommt man da natürlich auch nicht hin. Es gilt, vieles zu erforschen und daraus zu lernen. Aber verdienen?"

Sie lächelt die beiden an, stupft leicht Tashis Nasenspitze an, schäkert mit Ramosh und fliegt zurück auf die Schultern von Hermes Trismegistos. Dort spricht sie weiter:

„Ich bin mit dem großen Meister Hermes Trismegistos verbunden. Ich bin eine Lichtelfe und werde in Zukunft immer wieder erscheinen, so wie Andrach das tut.

Ihr beide verbindet euch tiefer und tiefer mit dem universellen Wissen. Dieses Wissen, dieses Forschen bringt euch in die Wesenheiten der Elemente, in denen wir wirken und die euch zur Verfügung stehen. Du, Tashi", wobei sie jetzt mit ihren zarten Händen auf ihn zeigt, „warst bereits im Feenland tief in der Erde. Jetzt ist unsere Zeit gekommen, die Zeit, in der wir aus unserem Versteck kommen und unsere Elemente wieder spielen lassen. Die Elemente des Äthers, des Wassers, des Feuers, der Erde und der Luft.

Wir freuen uns, wenn die Menschen sich wieder für uns interessieren. Sag ihnen das, Tashi, wenn du zurückgehst in die Menschenwelt!"

Ach, nicht schon wieder, diesen Satz würde er am liebsten nie wieder hören!

Erneut schwebt Pixie vor die beiden hin.

„Lasst euch nicht trügen von meiner kleinen Größe! Ich kann viele Formen annehmen, so wie Andrach sich auch wandeln kann. Nichts ist fix und ist immer wandelbar. Ich bin reine Energie, gespeist aus den lichten Quellen und deshalb unzerstörbar wie euer Geist!"

Im Geheimen wundert sich Tashi mächtig, woher Pixie denn von Andrach weiß. Er fragt lieber nicht und hört ihr zu.

„Die Anderswelten haben sich durch die Gezeiten zurückgezogen und unsichtbar gemacht, wie du ja bereits im Feenland erlebt hast, Tashi. Nun, auch du Ramosh, bist aus dem Feenreich, aus dem Elementar-Bereich. Die Liebe verbindet uns wieder in das alte geheime Mysterium, das so lange vergessen wurde, und nun …"

Abrupt unterbricht Hermes Trismegistos die Elfe.

„Pixie! Auf meine Schultern!"

Uuupsss, Tashi und Ramosh schauen sich an. Die Elfe zwinkert ihnen zu und schwebt zum aufgeforderten Ort zurück.

Der Meister berührt sie sanft.

„Du darfst später gerne mehr erzählen. Jetzt müssen wir mit unserer Reise innerhalb der Reise beginnen. Alles klar?"

„Alles klar, Chef."

Die beiden Brüder haben noch nicht mal Zeit, sich überhaupt über etwas zu wundern. Das müssen sie auf viel, viel später verschieben! Es geht einfach alles zu schnell.

Pixie kann es nicht lassen und flüstert den beiden zu:

„Das Reich der unbegrenzten Möglichkeiten!"

Nickt mit dem Kopf, schweigt und verzieht ihr hübsches Gesicht zu einer süßen Grimasse, so wie eben nur Elfen es können. Beide Brüder müssen herzlich lachen.

Hermes Trismegistos ist jetzt ganz in seinem Element. Er manifestiert aus dem Nichts ein Lichtschwert und bündelt die Wellen, indem er sie spiralförmig um das Schwert aufreiht. Langsam dreht er sich zu den Brüdern um und richtet den Lichtstrahl auf die beiden. Das Schwert wird nun auf das dritte Auge und das Herz der Brüder gerichtet. Tashi schließt wie immer die Augen, um alles zu verinnerlichen. Ramosh ist mehr der analytische Typ, die physikalischen Gesetze interessieren ihn sehr. Er will zusehen, wie das mit den Wellen funktioniert.

Die Pyramide wird größer und die beiden sitzen jetzt mittendrin. Das Licht wird stärker. Selbst ohne ihre körperliche Anwesenheit sind auch Anaisha, ihre Schwester und die Sternenmutter in der Pyramide präsent. Wie bei Rosaline, so verbindet auch hier das grüne Licht alles in eine harmonische Einheit. Die Parallelwelten und viele andere Welten schmelzen zusammen, da sich Raum und Zeit aufheben.

Das grüne Licht bringt Konflikt in Harmonie, bringt Ordnung und Regeneration. Grün verhilft zu Wachstum, auch geistigem Wachstum und Ausdehnung, welches gerade bei den Brüdern geschieht. Langsam lösen sich die Lichtwellen vom Schwert und fließen nun in der Form einer liegenden Acht durch Tashi und Ramosh hindurch.

Hermes Trismegistos steht in der Pyramide wie eine göttliche Statue. Still, aufrecht, majestätisch. Pixie immer noch auf seinen Schultern, mit großen wachen Augen beobachtet sie ihren Meister und sein Wirken. Die Brüder schweben auf ihrem Flecken Gras in der immer größer werdenden Pyramide und es scheint, als würden sie in Trance fallen.

Malachit und Moldavit steuern ihr Licht und passen es den oszillierenden Wellen an. Alles fließt in Harmonie zusammen und ergibt einen hohen Schwingungston, der sie alle vereint. Tashis Augen sind zwar geschlossen, aber mit großer Klarheit sieht er, wie der Klang die Wellenbewegung trägt. Es beginnen sich wunderbare Muster zu formen. Diese Muster verändern sich in vielfältige geometrische platonische Körper. Dies erinnert ihn an die Blume des Lebens, die er von Magenta gezeigt bekommen hat, als er über den Regenbogen kam. Diese geometrischen Sprachen erschaffen neue Realitäten und Wirklichkeiten. Das außergewöhnlich starke Licht ist direkt mit Alcyone verbunden.

Tashi beobachtet das Ganze als außerhalb von ihm selbst, sitzt aber gleichzeitig mitten in dieser Szene. Er ist der Betrachtende sowie der Betrachter des Betrachtenden.

Tashi hört den Ton jetzt ganz genau und beginnt leise mitzusingen. Er reist mit dem Licht und hört die Herzstimme seiner Lichtfamilie. Sie alle pulsieren auf derselben Frequenz als Einheit. Auch wenn sie örtlich getrennt sind, so verbindet der Schöpfungston alles zurück in diese harmonische Einheit.

Tashi lächelt und singt weiter. Er beginnt zu lachen, richtig laut und völlig frei von allen Fesseln. Er schwebt im Plasma der Schöpfung. Sein Lachen hallt weit hinaus ins Universum.

Er hat sich gerade mit dem Ur-Ton der Schöpfung verbunden. Dieser Ur-Ton hat seine Zellen aktiviert, damit er auf viel höheren Frequenzen neu wiedergeboren werden kann.

Ramosh öffnet erstaunt die Augen und beobachtet seinen Bruder, der keine Ahnung hat, wer er in Wahrheit ist. Kein Wunder, wird er doch von hohen Meistern besucht. Er ist stolz auf seinen so gar nicht kleinen Bruder Tashi.

Ramosh schaut zu, wie die neuen platonischen Muster in Tashis Aura eingeführt werden, damit er sie mit ins Menschenkleid nehmen kann. Hiermit wird er ganz Neues manifestieren können. Er hat den Kampf der Mächte überwunden und für sich ins Reine gebracht. Ein neuer Abschnitt, der ihm auf dem Regenbogen bereits versprochen wurde, darf beginnen.

Die kleine Lichtelfe bewegt sich im Takt mit den Schwingungen auf den Schultern von Hermes Trismegistos. Ramosh beobachtet sie und sie schenkt ihm ein verschmitztes Lächeln. Jedes Mal, wenn er sie anschaut, trifft ihn eine Erinnerung, an die er sich noch nicht bewusst erinnern kann. Sie weiß das natürlich, reagiert aber nicht auf sein Suchen danach. Er zwinkert ihr zu, so dass es niemand sehen kann. Sie schaut ihn nur mit großen Augen an und blinzelt kurz.

Malachit kommt still auf Tashi zu und flüstert in seinen Trancezustand:

„Du und deine Wächter wurden von mir umstrukturiert, eure DNS sowie eure Erinnerungen korrigiert. Moldavit hat euch geholfen, mit höheren Intelligenzformen zu korrespondieren. Wir, Moldavit und Malachit, haben schlafende Teile eures Gehirns aktiviert. Dies verhilft euch, mit anderen Zivilisationen in Kontakt zu treten. Sie werden sich mit euch verbinden, sobald sie sehen, dass ihr aufnahmefähig seid, diese hohen Frequenzen stabil zu halten. Vor allem du Tashi, da das Menschenkleid in sehr niedrigen Schwingungen gehalten wird. Deine Zellen erwachen wieder und singen das Lied deiner Seele."

Die beiden sitzen gebannt, völlig still, friedlich in der Pyramide.

„Alles, was du auf deiner Regenbogenreise erlebt hast, alles, was dort im feinstofflichen vorbereitet wurde, wird jetzt in deinem menschlichen Körper umgesetzt. Merlin und deine Regenbogenfreunde haben dich bestens vorbereitet auf diese Umpolung!"

Ramosh ist ganz entspannt, er beobachtet Moldavit, der ihn und Tashi einhüllt in seine Energien.

Augenblicklich und ohne Vorwarnung wird Ramosh laserschnell in seine Sternenheimat und das Gedächtnis des Moldavit katapultiert, bleibt aber gleichzeitig neben Tashi in der Pyramide sitzen. Pixie schwebt von den Schultern ihres Meisters direkt zu Tashi hin, während Hermes Trismegistos Ramosh in die andere Realität begleitet.

Das ist eben so eine Sache mit der Realität. Man kann es biegen und wenden, wie man will: Es ist immer wieder anders … ein Geheimnis …

Tashi ist erstaunt ob dieser Geschwindigkeit, schaut dem Spektakel zu, bleibt aber mit Malachit in seinem eigenen Prozess in der Pyramide sitzen.

Pixie schwebt direkt vor seine Augen, blinzelt ihn einige Male an und macht es sich dann gemütlich auf Tashis Knie.

Der neigt sich ihr entgegen und fragt:
„Möchtest du mir mehr über dich erzählen, schöne Elfe? Kannst du auch deine Größe und Farbe verändern, wie Andrach und meine Wächter es können?"

Sie schaut ihn von unten herauf an, ihre Augen scheinen alles aufzunehmen. Sie schauen nicht nur in Tashis Gesicht, sie sieht durch sein Wesen hindurch. Sind sie doch alle aus dem gleichen Stoff gewoben, die lichten Wesen, die originalen Seelen, die Sterne und das Universum. So ist es leicht, sich in allem wiederzuerkennen! Die kleinen goldenen Funken in ihren türkis-grünfarbigen Augen blitzen ihn freundlich an. Wieder erkennt er ihre Kraft, die aus dem kleinen Geschöpf strömt.
„Ja, mein Menschenkind, ja. Ich kann mich allem anpassen sowie dein Seelendrache Andrach. Auch die Farben, schimmernd strahle ich sie alle aus. Je nach Bedarf. Ich schwinge mit dem Regenbogen, weiß um seine Geheimnisse, sowie ich mit dem Ton, der alles verbindet, mitschwinge. Ich bin es alles, die Farben, das Geheimnis, der Ton, das Summen, das Brillieren … ich bin alles, was du dir wünschst!"
Die beiden schauen sich an, tief versunken. Eine Liebesgeschichte, ein Bündnis, die das Universum geschrieben hat. Sie sind nämlich ein Teil ihrer selbst. Tashi ist ein Teil der Elfe, die Elfe ein Teil von Tashi. Eben wie das Licht alles durchdringt, so durchdringen die beiden Elemente sich gegenseitig.
„Ich bin in dir, Tashi, ich fließe durch alle anderen Elemente, die auch in deinem Wesen fließen. In deinem Menschenkörper sind es dein Wasser-, Feuer-, Luft- und Erde-Element. Und ich bin dein Ätherelement welches alle miteinander verbindet!"

Tashi ist entzückt, möchte gar nichts dazu äußern. Es ist wieder einer dieser stillen, heiligen, alles umfassenden Momente. Eigentlich, bei genauer Betrachtung, so denkt er sich, besteht das Leben sowieso nur aus einer Anreihung von Momenten, nicht?
Verträumt berührt er die sanfte Elfe und öffnet die Hand, damit sie sich darin einnisten kann. Aber Pixie hat sich entschieden,

auf seinem wilden Haarschopf Platz zu nehmen, weil sie gesehen hat, dass Malachit wartet, bis die beiden ihr gegenseitiges Kennenlernen unterbrechen.

Malachit kommt auf Tashi zu, ein Buch in seinen Händen. Es sieht aus wie ein Tagebuch, ist verziert mit vielen Gesichtern, das Papier wunderbar weich. Die Gesichter sind lebendig, bewegen sich nur leicht, sie sind sehr freundlich und strahlen großen Frieden aus. Tashi schaut Malachit fragend an.

„In diesem Buch ist aufgezeichnet, wohin Ramosh gerade gegangen ist. Du kannst die Reise deines Bruders in diesem Buch in real time verfolgen, bis er wieder zurückkommt."

„Oh, das ist aber bequem! Spannend! Bin froh, dass ich weiterhin mit Ramosh verbunden bleibe. Dann kann ich neben meiner eigenen Reise gleichzeitig sein Abenteuer miterleben. Doppelspurig, so witzig. Pixie, das wird wieder was, schön dass du zu mir gekommen bist! Ich bin sehr glücklich darüber. Du scheinst mir eine Leichtigkeit zu schenken, die ich oft vermisse, weil das Menschenleben so kompliziert ist. Da vergisst man allzu leicht, dass es auch noch andere Wirklichkeiten gibt!"

Er seufzt tief, greift in seinen Haarschopf, um Pixie wieder zu berühren. Es ist wahrhaftig große Liebe, die sich in seinem Herzen öffnet. Sie hat den Funken gezündet, den er so vermisst hat, seit er seine Sternenfamilie verlassen musste. Leise und unbemerkt rinnt ihm eine Träne der Freude und Dankbarkeit über die Wangen. Pixie schwebt kurz vor sein Gesicht, um die einsame Träne abzuwischen. Eine sanfte, blitzschnelle mitfühlende Geste ohne Worte. Dann versteckt sie sich wieder in seinen Haaren.

Niemand kommentiert das Geschehen.

Dann atmet er tief durch, konzentriert sich und fragt Malachit: „Malachit, es würde mich interessieren, ob Ramosh neben mir als 3D Hologramm sitzt oder ist er als 3D Hologramm weggebeamt worden?"

Malachit überlegt, wie er antworten soll. Ganz Mentor mäßig versucht er zu erklären.

„Es ist kein Hologramm, es ist die Intelligenz deines Bruders, die weggebeamt wurde. Man könnte es ‚Bewusstseinsgleiten' nennen. Man kann gleichzeitig an vielen Orten sein, so wie eure Sternenmutter es bereits vorgemacht hat. Eure Sternenmutter ist eine Shapeshifterin sowie eine weise Priesterin aus uralten Zeiten! Man kann sich auch mit dem Bewusstsein in andere Mentaldimensionen einschalten. Sternenzivilisationen sind sehr geübt darin. Deine Ahnen, die in der Zukunft leben, also in einer anderen Zeitlinie, werden dich das wieder lehren!"

Shapeshiften = Formwechseln / Gestaltwandlung / Formverändernd

Ramosh, der das mitbekommen hat, erinnert sich, dass er das alles auch kann und erneut anwenden wird. Er hat dieses Wissen in alten Kulturen vermehrt benutzt. Nun frischt er es wieder auf mit der Hilfe von Moldavit und Hermes Trismegistos. In Zukunft wird auch er erweiterte galaktische Reisen unternehmen!

Malachit erklärt weiter:
„Viele Sternenzivilisationen sind den Menschen tausende von Jahren voraus in ihrer Form der Kommunikation sowie der Gedankenübertragung. Vor allem auch in der Technologie.
Nicht alle, aber viele Sternenvölker sind der Erde und den Menschen friedvoll gesinnt und wollen helfen. In dieser Form der Gedankenübertragung nehmen die Sternenzivilisationen mit den aufwachenden Menschen Kontakt auf. Die Menschen empfangen dies als Impuls, als Inspiration, Intuition oder sie wissen etwas, ohne dieses klare Wissen begründen oder erklären zu können."

Malachit spürt, dass Tashi diese Frage nicht aus Angst, sondern aus reiner Neugierde gefragt hat.
Tashi gibt sich mit dieser Antwort zufrieden. Bis anhin hatte er immer Antwort erhalten auf alle seine Fragen. Er hat gelernt, dass alles seinen bestimmten Zeitpunkt hat. Zu viel Information zum falschen Zeitpunkt kann Probleme und Unsicherheiten

heraufbeschwören. Es gibt tatsächlich Antworten, für die muss man erst vorbereitet werden!

Tashi, immer noch in der Pyramide umgeben von herrlichstem grünen Licht, setzt sich in den Lotussitz, beobachtet die vielen Gesichter, die ihn aus dem fröhlichen Büchlein anlächeln und zurück beobachten. Er muss lachen, wie das wohl geht? Das Spiel beginnt ihm Spaß zu machen. Er richtet sich auf und will sich gerade mit den lebendigen Gesichtern unterhalten, als sich die erste Seite des Büchleins von selbst umdreht. Sein Bruder erscheint auf dem Papier und ruft ihm ein Hallo zu.

„Hallo Kleiner, das ging wieder mal zackig, ich weiß noch gar nicht, wo ich wirklich bin. Kannst du mich sehen? Hallo Pixie, bequem eingerichtet in Tashis Haarschopf?"

Pixie winkt ihm zu und schäkert wieder ganz sinnlich wie zuvor schon, sagt aber nichts. Tashi ist fasziniert.

„Oh wow, ja Ramosh, klar und deutlich kann ich dich sehen. Das ist lustig, weißt du, was die Gesichter auf dem Buch uns, dir oder mir sagen wollen und woher sie kommen? Malachit hat mir das Buch gegeben, als du fortgezogen wurdest, damit kann ich jetzt bequem deine Reise aus meiner Position mitmachen. Er hat erwähnt, dass die Gesichter Ahnen aus anderen Zeitlinien seien."

Die beiden Brüder schauen sich fragend an, Ramosh kann Tashis Frage nicht beantworten. „Sorry Kleiner, keine Ahnung, wir werden sehen."

Beide sind gespannt, was als Nächstes geschieht.

Das Gesicht von Moldavit erscheint auf der Seite. Er lächelt charmant, sowie er Klara angelächelt hat.

„Ihr könnt euch einfach nicht vorstellen, weshalb ich lächle. Ich lüfte jetzt das Geheimnis. Kommt mit mir."

Sofort wird das Buch lebendig. Tashi verliert beinahe das Gleichgewicht auf seinem Lotussitz. Er wird auf eine Fantasiereise mitgerissen, die absolute totale Wirklichkeit ist.

Ramosh folgt Moldavit. Anaisha erscheint plötzlich auch auf einer neuen Seite. Tashi erschrickt erneut. Das Buch hat jetzt endgültig ein Eigenleben entwickelt. Und alles geht blitzartig schnell.

Alle drei Geschwister werden erneut in einen rauschenden Sog eingezogen, synchron jedes in seiner eigenen Wirklichkeit. Man hat keine Zeit nachzudenken. Es geschieht einfach.

Die drei rufen sich einen Willkommensgruß zu. Humor ist wirklich ein spezieller Charakterzug des Moldavit-Wesens. Das hat Tashi bereits am Anfang seines Besuches bemerkt.

Pixie streckt sich und schaut von oben aus Tashis Haarschopf auf das Büchlein. Dann staunt Pixie plötzlich und ihre türkisgrünen Augen glitzern vor Freude.

Eine übergroße Libelle begegnet ihnen und alle drei bleiben erschrocken stehen.

Außer Anaisha haben die beiden Brüder große Lust einfach drauflozulachen. Selbst die Libelle, die mit ihren großen Augen die Geschwister beobachtet, lächelt freundlich und sie begrüßt Pixie mit einem Elfengruß. Pixie strahlt über ihr ganzes sanftes, süßes Gesichtchen.

In diesen Dimensionen geht alles gegen jegliche Logik, gegen jegliche erdenkliche Schwerkraft. Es gibt Dinge, die nicht mit dem Verstand erfassbar sind. Übrigens ist der Verstand auch nicht dafür gedacht diese höheren Dinge zu verstehen!

Die drei Geschwister schauen sich an und lachen weiter, weil sie schlichtweg überwältigt sind. Selbst Ramosh, der sich doch schon so einiges an intergalaktische Dimensionen und Regeln gewohnt ist. Aber das hier ist auch für ihn etwas Neues. Die Libelle und ihre durchsichtigen Flügel schillern und strahlen im mannigfaltigsten herrlichsten Lichtspiel. Sie ist größer als Ramosh, bestimmt an die zweieinhalb Meter groß.

Anaisha ist hin und weg von dieser Schönheit. Die Libelle berührt Anaisha mit ihrem zart geäderten regenbogenfarbigen durchsichtigen Flügel.

Leise, einer zarten gurgelnden Stimme gleich, spricht sie.

„Du wirst in Bälde ein sonniges Wesen gebären. Noch auf dieser Reise, und wir werden alle dabei sein und diesen Vorgang gemeinsam erleben. Das Neue darf jetzt gesehen werden. Es darf berührt und geliebt werden. Die Zeit ist reif für mehr …"

Die Libelle hat direkt zu Anaisha gesprochen. Es war keine übliche Menschensprache. Dennoch war die Aussage klar und deutlich. Man muss sie mit dem Herzen verstehen.

Anaisha schaut ihre Brüder an. Die nicken nur, was sagt man dazu? Man muss abwarten.

Pixie verhält sich still, betrachtet alles. Sie und die Libelle sind Seelenverwandte, beide aus dem Elfenland mit ihren ganz eigenen Charakteren und ihrem speziellem Wirkungsbereich. Pixie fühlt sich wie eine Schwester zur Libelle.

Die Libelle hat ihre Flügel nun weit ausgestreckt und die drei Geschwister stehen vor ihrer ganzen Größe. Sie erscheint wie ein Portal, sanft, aber mächtig. Man muss sich diesen Eintritt durch viele Erkenntnisse und Realisationen erarbeiten.

Moldavit ergießt sein Licht um die Libelle und umhüllt die Geschwister und das angrenzende Raum-Zeitgefüge. Sie schmelzen mit der Libelle zusammen, dabei wird jedes der Geschwister zum eigenen Energie-Portal.

Moldavit flüstert im Ur-Ton:

„Ihr werdet wieder zu einer einzigen Zelle! Auch eine Familie, sei dies geistiger oder menschlicher Natur, ist wie eine Zelle. Eine Zusammensetzung, um jegliche Kluft von verschiedensten Charakteren harmonisch zu vereinen. Bei uns, in unserer Wirklichkeit wird die Zelltrennung aufgehoben. Wir lächeln das Lächeln der Zusammengehörigkeit und umwerfenden Schönheit der Quelle. Das Schimmern der Libellenflügel ist das geheimnisvolle Licht, das in euren eigenen Zellen pulsiert. Ich erhöhe nun meine Lichtfrequenz, um euch mit dieser Urstruktur zu vereinen."

Ein seltsames Prickeln fließt durch alle Körper. Den von Ramosh, Tashi, Anaisha und das ungeborene Kind und der Libelle.

Pixie beginnt ganz leise zu tanzen, schwebt leicht über Tashis Kopf. Niemand nimmt das bewusst wahr, weil sie alle drei sehr vertieft in die Einweihung sind. Die Erinnerung an ihre Ursprungswirklichkeit beginnt sich zu entzünden und gegenseitig werden sie als Einheit aktiviert.

Die Gesichter auf Tashis Büchlein lächeln und bewegen sich hin und her. Drunter und drüber. Er sieht es kaum, nimmt es nur von weit weg wahr. Er hat die Augen halb geschlossen. Die Aktivierung der Lichtfrequenz macht ihn schläfrig, da sie ziemlich stark ist. Die Gesichter aus dem Büchlein betrachten Pixies Tanzen und winken ihr zu. Sie winkt zart zurück. Die Energiewirbel ihres Tanzes unterstützen die magische Verbindung und Vereinigung.

Starke Sonnenstrahlen scheinen direkt in die Zellen und strahlen ihr Licht durch alles hindurch. Das Feuer, die Flamme der Transformation, befreit alte Strukturen, die sie noch mitbringen und die noch anhaften. Eines nach dem anderen, Tashi, Ramosh und Anaisha werden durch die schimmernden Libellenflügel gezogen und mit den Sonnenstrahlen der Zentralsonne und Moldavits wissendem Lächeln neu ausgerichtet.

Tashi erinnert sich an das befreiende Lachen, das er mit Malachit erfahren durfte. Moldavits freundliche wissende Lächeln erscheint ihm sogar noch tiefer und ruhiger. Es erinnert ihn an Buddhas Lächeln, nicht an ein menschliches Grinsen.

Alles bewegt sich in Moldavits Realität ruhig, aber außergewöhnlich schnell. Es ist ganz und gar außerhalb der Zeit und kann deshalb auch nicht wirklich gemessen werden.

Nachdem sie durch die Libellenflügel gezogen wurden, nach der Wiedervereinigung und Neuanpassung, finden sich die Geschwister wieder zusammen hinter den Libellenflügeln. Sie purzeln fröhlich übereinander auf das weiche Gras. Sogar Anaisha staunt über die Leichtigkeit, die sie trotz Schwangerschaft empfindet. Die Libelle flattert sanft mit ihren großen weiten Flügeln.

Sie spricht zu den Geschwistern:
„Ich habe euch vermisst! Ich habe eure lichten Quellen-Anteile in mir vergessen geglaubt. Wir sind alle aus der Urschöpfung, aus dem Licht. Unser geistiges Ur-Bewusstsein hat sich nach gegenseitigem Äonen-langen Sehnen wieder zueinandergefunden. In uns allen wirkt das alte kosmische Wissen. Ich wirke durch euch und ihr wirkt durch mich. Großer Frieden, Ruhe und Gelassenheit werden unser Geschenk sein. Mein Gott, hat das aber lange gedauert, bis wir uns wiederfinden durften! Endlich darf die Starre aufgelöst werden."

Sie hat ruhig gesprochen. Sie ist erstaunt, dass sie als großes Lichtportal selbst aus ihrer langen trüben Aufgabe erwachen durfte. Sie muss jetzt nicht mehr als Portal dienen. Ihr Auftrag – die Lichtcodierung oder das Programm, verirrte Lichtseelen, das Elfen- und Feen-Volk retten zu müssen – ist aufgelöst worden. Auch die lichten Seiten senden ihre programmierten Helfer in Umlauf, um im galaktischen Universum zu helfen!

Nun wird niemand mehr durch die Wirklichkeit der Libelle treten und das zarte Wesen verletzen. Dieses Portal ist geschlossen worden.

Menschen oder andere Wesen, die zurück nach Hause in die Quelle reisen, müssen durch ihr eigenes erstarrtes, quietschendes Portal schlüpfen. Gerechtigkeit ist geschehen!

Die Libelle und ihr Volk sind von dieser Programmierung befreit. Durch den Anteil der Geschwister kann die Libelle einen Teil des Weges mit ihnen gehen, wodurch sie selbst sehr viel kräftiger und widerstandsfähiger werden wird. Sie wird ihnen und vielen anderen eine weise Beraterin sein, nicht als Portal, aber als Portal-Wächterin! Sie ist hochbeglückt über diese Befreiung.

Ein leises glückliches, befreiendes gurgelndes Lachen ist von ihr zu hören. Sie wird größer, schöner, noch leichter und strahlt mannigfaltig in den herrlichsten Sonnenfarben.

Die Libelle zeigt ihr feenhaftes Wesen, bewegt ihre Flügel, jeden Flügel separat und unabhängig! Sie tanzt einmal nach vorne, rückwärts, sogar nach oben und unten, während sie in der Luft stehen bleibt!

Nein sowas! Die Geschwister staunen. Pixie lächelt ihrer großen Schwester, der Libelle, zu und tanzt mit ihr. Es ist ein Austausch alten Wissens und großer Freude.

Wie die Libelle ihnen vorgeführt hat, sind Tiere und deren Bewusstsein ebenfalls empfindende und intelligente Wesen! Alles hängt so tief zusammen bis wahrhaftig in die kleinste Atomstruktur. Tashi seufzt sein berühmtes Seufzen, wenn ihn etwas tief beschäftigt. Die Menschen sind sich sooo vieler Dinge so schrecklich unbewusst.

Er versucht nicht an seine Menschen Realität zu denken. Er will jetzt diesen Moment genießen und mit seiner Schwester und seinem Bruder sein.

Blockierungen, die durch Kodierung noch im Blut der Ahnen herumschwirrten, wurden gelöst. Gerade rechtzeitig zur Geburt des Kindes.

Moldavit hat ihnen geholfen, das Licht aus der Zentralsonne zu absorbieren. Das Licht ist in die Materie integriert worden und die Materie wird wieder beseelt. Ein wunderbarer Austausch, der schon längst fällig war.

Geburt

Anaisha verändert ihre Position, sie kniet sich hin. Ihr Brüder werden aufmerksam und auch die Libelle verändert ihre Größe, um Anaisha besser helfen zu können. Die Geschwister haben einige Zeit beim Portal verbracht. Wobei Zeit auch hier nicht existiert. Sie haben das neue Gefühl der Einheit genossen und sich gegenseitig mit der Libelle und Pixies lichtvollem Wesen vertraut gemacht. Jetzt wird es so weit, Anaishas Sonnenkind soll geboren werden.

Tashi deutet Malachit, dass er Anaisha gerne helfen würde und sie mit der Pyramiden-Energie unterstützen möchte. Dann schaut er auf und bemerkt erst jetzt, dass Pixie nicht in seiner Wirklichkeit weilt.

„Pixie? Aber echt jetzt, wie hast du das geschafft? Du bist dort? Aber ich war ja auch dort und jetzt wieder hier???"

Etwas verstört schaut er auf Malachit, der aber nicht auf Tashis Verwirrung reagiert.

„Tashi, du und ich, wir sind beide durch die Zeit gereist! Wo es keine Zeit gibt, kann man keine Zeit verlieren, wenn man reist! Witzig nicht? Bewusstsein ist an nichts gebunden! Du kannst jederzeit in andere Bewusstseinsebenen eintreten!"

Pixie lächelt ihn verschmitzt an. Er schaut in ihre herrlichen Augen und bleibt verwirrt. Die Realität in seinem Büchlein ist so real und gegenwärtig …

Er versteht nix mehr. Gerade purzelte er mit seiner Schwester und Ramosh durch die Libellenflügel.

Dabei sitzt er hier mit seinem Büchlein …

Und schon geht es weiter in diesem mysteriösen, lebendigen Buch.

Ramosh steht auf und steht in kurzer Distanz zu Anaisha, um sie zu schützen. Hermes Trismegistos beamt sich zurück zur Pyramide, um dort mit Tashi den Ur-Ton, den Schöpfungston erklingen zu lassen. So soll sich das neue Wesen in möglichst vielen Wirklichkeiten gleichzeitig vertraut und zuhause fühlen. Es wird aus der Einheit der Ur-Sonne geboren und in diesem Bewusstsein verbleiben.

Moldavit schenkt ihm das Geschenk der Erinnerung. Er wird das Wissen an seine Herkunft behalten, ohne sich in seiner Zukunft durch Portale, Zeitlinien und Wissensspeicher durchkämpfen zu müssen!

Hermes Trismegistos bringt die Pyramide in Schwingung, während Tashi gebannt in sein Büchlein starrt. Das Büchlein öffnet eine neue Seite und zeigt die Sternenmutter, die jetzt auch präsent ist.

Tashi beginnt leicht zu summen, Anaisha übernimmt den Ton und singt leise mit. Die Geburt einer Seele im Sternensystem ist nicht zu vergleichen mit der Geburt eines Menschenwesens. Durch die Schwingung der Pyramide, das Summen von Tashi und seiner Schwester wird der Junge auf dieser Frequenz geboren. Die Libelle hüllt den Vorgang in ihren Flügeln ein. Sie segnet Anaisha während des Prozesses.

Es herrscht große Stille. Moldavit bettet das Geschehen in sein wunderschönstes Dunkelgrün und lässt seinen Ruf als Amulett und Glücksstein voll zur Geltung kommen! Malachit unterstützt ebenfalls mit seinen sinnlichen Schwingungen, um die Geburt zu erleichtern. Ein neues Sonnenkind findet den Weg in die Materie.

Nach geraumer Weile, die nicht existiert, hebt die Libelle ihre schimmernden Flügel und zeigt Anaisha und das neue Wesen den anderen. Das kleine Wesen ist ganz still und seine Aura noch weit ausgedehnt. Es ist noch mit Alcyone verbunden, wo es herkommt. Alcyone lächelt anerkennend.

Malachit und Moldavit legen das Wehenkreuz, das Anaisha kurz vor der Geburt abgelegt hat, auf den Bauch des Kindes. Es öffnet die Augen und schaut direkt in die Augen seiner Mutter. Das Kind hat leuchtend goldene Augen. Anaisha, die Sternenmutter, Tashi und Ramosh sehen es alle zur gleichen Zeit. Sie sind erstaunt. Das Kind lächelt sie an, ein Strahlen, das direkt aus der Sonne kommt. Anaisha wird ihr Kind vorläufig das Lichtkind nennen wegen der goldenen Augen. Ein wahrlich königliches Kind. Sie schaut es zärtlich an. Alle Liebe strömt aus ihr direkt in das zarte Geschöpf.

Ein Faden der Zusammengehörigkeit umhüllt sie alle und knüpft ein neues Band.

Entzückt in diesen wunderbaren Moment der Erneuerung beginnt die Amsel zu singen. Auch sie hat das Wunder mitbekommen sowie das Bodenpersonal Klara und die versteinerte Holzbank. Alcyone hat es ihnen zugeflüstert.

Das universelle Licht-Netzwerk funktioniert schnell und zuverlässig und ist mit den seinen jederzeit tief verbunden.

Der Ur-Ton mischt sich sanft in den Gesang der Amsel, um das Kind zu festigen und willkommen zu heißen. Das neue Band der Familie ist aktiviert und ein neuer Zyklus hat begonnen.

In diesem Kind hat Moldavit sein Feuer der Sonne sowie die Kraft der Erde fusioniert und ausgedrückt. Es ist die Identifikation und das Zugehörigkeitsgefühl zu den Sternen, der Zentralsonne Alcyone und die Verwandtschaft mit seinesgleichen, also auch zu Tashi, der sich momentan im Erdreich, dem Menschenkleid befindet.

Malachit in seiner großen Kraft schenkt dem Kind Liebe und Schönheit, es gleicht die Materie und die ätherische Welt aus und webt sie ineinander.

Tashi ist unglaublich stolz auf das Sternenkind, er freut sich mächtig für seine Schwester.

In der Geborgenheit der Familie und den Armen seiner Mutter wird die Aura des Kindes an das Energie-System des Planeten, auf dem es aufwächst, angepasst.

Alcyone sendet einen fröhlichen Lichtstrahl zu jedem Einzelnen, dieser Lichtstrahl ist geladen mit Wärme, Schutz und Frieden für die ganze Familie.

Ramosh und die Sternenmutter dürfen den Kleinen kurz halten, um Abschied zu nehmen. Die Sternenmutter umarmt ihre Tochter und bedankt sich bei ihr für das wunderbare Kind. Es ist ihr erstes Enkelkind. Sie ist stolz auf dieses strahlende Lichtkind und küsst den Neuankömmling zärtlich auf die Stirn, während sie seine kleinen perfekten Fingerchen in ihren eleganten schlanken Händen hält.

Hermes Trismegistos segnet den Jungen, indem er seinen Laserstrahl über den Kopf des Kindes hält. Der Ur-Ton wird lauter und aktiviert das ganze Energiesystem des Kindes.

Die Libelle öffnet nun ihre Flügel weit auf, die ganze Spannweite ihrer schimmernden Schönheit und Zartheit stellt sie ihren Bewunderern zur Verfügung. Große Kraft strömt aus ihr, auch sie segnet den Jungen. Fast wie eine gute Fee verspricht sie dem Kind in Lichtsprache gute Gesundheit, Weisheit und viel Freude auf seinem neuen Weg. Nur Pixie hält sich zurück, sie hat sich wieder in Tashis Haarschopf zurückgezogen. Sie lächelt dem Kind zu, das ganz kurz zu ihr hinschaut mit seinen goldenen Augen. Beide Augenpaare treffen sich in tiefem Verstehen und kurze winzige Lichtblitze werden ausgetauscht. Dann wird alles wieder ruhig.

Malachit drängt zum Aufbruch, die Wächter, die beim Malachit-Tor gelassen wurden, sind bereit, erneut in ihren Dienst bei Tashi aufgenommen zu werden. Sie sind durch die Umpolung geschleust und neu angepasst worden.

Sie verabschieden sich alle von Anaisha und der Libelle. Jetzt müssen sie nicht mehr durch das Portal reisen, dieses Portal ist aufgehoben. Die neue Funktion der Libelle ist die einer Wächterin geworden. Anders als das Portal wird die Wächterin nur noch ausgewählte Seelen in ihre Seins-Ebene einlassen. Das da sind die Hohepriesterinnen und Hohepriester aus Alcyone und anderen, den Menschen noch unbekannten Dimensionen.

Moldavit dehnt sich aus, es sieht beinahe aus wie ein Fächer, der schützend seine Heilkraft und Schönheit ausbreitet.

Tashi winkt durch das Buch den anderen zu. Das Büchlein klappt sich automatisch zu, als wäre die Geschichte zu Ende. Ramosh erscheint wieder in der Pyramide und setzt sich gleich zurück auf den Flecken Gras.

Das geht wieder mal alles so schnell, dass es Tashi kaum wegen der Geschwindigkeit dieses Geschehens mitkommt.

Er klopft seinem Bruder, der wieder neben ihm sitzt, auf die Schultern.

„Was für eine Reise Ramosh! Da wird's einem echt nie langweilig."

„Das, mein kleiner Bruder, kannst du mal laut sagen! Und Onkel sind wir auch geworden! Jetzt sind wir doch alle wieder vereint, außer unseren Vater, der noch fehlt. Aber er wird sich bestimmt auf einer anderen Reise bemerkbar machen. Du bist ihm ja auf dem Regenbogen begegnet, nicht?"

„Ja, das war schön ihn zu sehen. Nun habe ich euch alle wieder um mich gehabt. Wie Moldavit gesagt hat, die Familie als Zelle wieder vereint. Wie froh bin ich darüber! Jetzt halte ich es auch wieder besser aus in der Menschenwelt. Aber vorläufig sind wir ja noch hier, Gott sei Dank. Wo immer auch ‚hier' sein mag!"

Beide Brüder müssen lachen, tja, wo ist hier?

Tashi schneidet eine Grimasse und greift dankbar nach Pixie in seinem Haarschopf. Sie berührt ihn sanft als Bestätigung.

Nun wirbelt Malachit seine Energie von unten nach oben durch die große Pyramide. Alles wird noch einmal gründlich durchgereinigt, bevor sich die Pyramidenform auflöst und die beiden allein auf dem Stück Gras verbleiben. Es ist die Reinigung alter Seelenmuster, die die Libelle gerade abgelöst hat, neue Lebensfreude, um die anstehenden Aufgaben erfolgreich in Angriff zu nehmen. Das alles wirbelt sich frei durch die Reinigung von Malachit. Die beiden Brüder bestaunen die herrlichen, verschiedenen Grünfarben, die um sie herumwirbeln.

Tashi und Ramosh schauen sich an. War das alles wirklich oder haben sie geträumt? Hat ihre Schwester tatsächlich einen Jungen geboren? Sie lachen und kugeln sich auf dem Boden herum. Das mit der Wahrnehmung ist wirklich ein Unding.

Sie sind fröhlich, tauschen Beobachtungen aus, die sie beide gleichzeitig gemacht haben. Diese Beobachtungen decken sich, also kann es doch kein Traum gewesen sein, oder?

Ramosh schaut zu Pixie.

„Na du Süße, du bist auch durch die Zeit gereist! Was ist das nur für ein kunterbuntes wirbelndes Durcheinander! So viel Neues, das auf uns einprasselt. Tashi, Bruder, du bist großartig! Du hast echt Mut, dich auf das Unerschöpfliche einzulassen. Ich meinerseits zweifle manchmal, aber du scheinst immer wieder in die Betrachter-Position zu gehen, um zu beobachten. Ich höre dich nie urteilen?!"

Pixie hüpft auf Tashis Schultern und schaut Ramosh leicht schräg an, was ihre schräg stehenden großen Augen unglaublich zur Geltung bringt. Der große Bruder schaut tief in diese strahlenden Augen und seufzt.

Tashi lächelt und gerade in diesem Moment des Zweifelns erscheint Hermes Trismegistos mit seinem Lichtstab. Er richtet den Stab auf das Büchlein, das Tashi aufs Gras gelegt hat. Die Gesichter, die am Anfang gelächelt haben, sind jetzt verschwunden. Es ist ein ganz gewöhnliches Büchlein mit leeren Seiten geworden, außer dass das Papier immer noch wunderbar weich ist, das ist geblieben.

Moldavit gesellt sich zu Hermes Trismegistos.

„Diese Gesichter, Tashi, sind deine genetisch Verwandten aus anderen Sternensystemen. Sie sind natürlich auch generationsübertragend. Verschiedene Zeitlinien, verschiedene Verwandtheitsgrade. Sie haben dich begrüßt, um sich mit dir zu verbinden. Dabei vermitteln sie dir gewisse Charakterzüge und Talente, die du auf deiner Weiterreise im Menschenkleid gebrauchen wirst. Deine Reise ist eine Lichtreise und du bekommst alle Unterstützung, die du brauchst. Wir sind alle mit dir unterwegs. Niemals bist du alleine. Niemand ist jemals alleine unterwegs! Und immer wieder möchten wir erwähnen, dass diese Verbindungen auch deine Erinnerungen an andere Realitäten und Wirklichkeiten sind!

Durch ihre Gegenwart in deinem Menschsein bringst du die Zukunft des planetarischen Bewusstseins zur Erde!"

Tashi schaut Hermes Trismegistos aus großen Augen an. Er kann sich einfach nicht vorstellen, dass seine Reise von solch großer Bedeutung ist. Dennoch nimmt er das Angebot der Unterstützung dankbar an. Er ist überfroh, dass er nie alleine reisen muss. Das Gefühl der Einsamkeit im Schattenland kann einem schon sehr zu schaffen machen.

Ja, und das mit der Zukunft hat er ja bereits zu Beginn dieser Reise mitbekommen, dass er sein Zukunftsselbst anzapfen kann, hat ihn doch sehr gefreut. Also ist er ein Wesen aus der Zukunft, um Gaia in ihrem Umpolungsprozess zu helfen!

Sowas kann man ja auch niemandem erzählen, du gütige Zeit!

Ramosh schaut ihn kurz an, weil er die tiefen Gedanken seines Bruders mitbekommen hat.

Nun wirbelt Malachit sein Grün weiter, jetzt von oben nach unten.

Moldavit trägt ebenfalls sein beruhigendes Dunkelgrün bei und spricht zu den Brüdern:

„Meine Gefährten, Planet Erde ist ein Planet der größten, wunderschönsten Vielfalt. Man muss wissen, dass die Menschenwesen ursprünglich nicht auf Erden entstanden sind! Das ist eine sehr limitierte Ansicht und lässt keine anderen Realitäten noch Evolutionen zu. Die Menschen sind wie Malachit und ich auch auf Umwegen zur Erde gekommen. Die Menschen haben sich mit den Göttern aus verschiedenen Sternensystemen vermischt. Darüber gäbe es mächtig viel zu erzählen, aber für heute belassen wir das.

Es ist für euch von Bedeutung, dass ihr das auch im Menschenkleid nicht mehr vergesst. So bleibt ihr bewusst mit der Zentralsonne und euren Sternengeschwistern verbunden. Ihr könnt jederzeit mit jedem von uns kommunizieren und wir sind sofort für euch da. Wenn die Menschen erst einmal lernen, dass sie von irgendwoher kommen und immer irgendwohin gehen, eröffnet sich ein ganz neues Bewusstsein und somit natürlich auch völlig neue Möglichkeiten! Die Akzeptanz dieses Wissens würde vielen aus ihrem mentalen Käfig verhelfen."

„Fragt sich, ob die Menschen diese Freiheit überhaupt annehmen wollen oder können!"
Zweifelnd hat Ramosh diese Frage in den Raum gestellt.
Nachdenklich schaut Moldavit auf die beiden Brüder.
„Wie auch immer, wir freuen uns, dass ihr zu uns gereist seid und dieses Erlebnis und die Botschaften, die ihr erhalten habt, mit euch nehmen könnt."

„Auch wir bedanken uns für die Auffrischung unserer Erinnerungen. Danke für euer Mentoring. Dass wir bei der Geburt unseres Familienzuwachses dabei sein konnten, ist wahrlich ein Geschenk! Ein besonderes Erlebnis für uns Brüder."
Ramosh verneigt sich leicht vor Malachit, Moldavit und Hermes Trismegistos. Dabei zieht er seinen Bruder näher zu sich als Bestätigung ihres gemeinsamen Dankes.
Die Mentoren lächeln freundlich zurück und nicken leicht mit ihren Köpfen.

Moldavit zieht sich zurück, während Hermes Trismegistos seinen Lichtstab auf das dritte Auge von Tashi und Ramosh hält. Die beiden lassen sich segnen und geben sich diesem Ritual hin.
Hermes Trismegistos zwinkert Pixie zu, die sich weiterhin im Haarschopf von Tashi bequem eingenistet hat und sich still verhält.
Dieses heilige Ritual des großen Meisters schafft Klarheit über jeglichen Zweifel. Tashi und Ramosh sind dankbar und erleichtert für diese Hilfe. Beide öffnen fast synchron die Augen und sehen, wie Hermes Trismegistos in eine große Lichtsäule gehüllt ist. Das Lichtschwert ist jetzt auf den Boden neben ihnen gerichtet. Die Klinge strahlt mächtige Kraft aus.
Ramosh fixiert seinen Blick auf das magische Schwert des Meisters. Der verzierte Knauf besteht aus einem leuchtenden

Diamanten, um den sich eine goldene Schlange ziert. Sie scheint ihren Meister anzuschauen, so lebendig sieht sie aus, dabei ist sie aus reinstem Gold. Der Griff scheint aus Leder-Seide ähnlichem Material zu sein, das er nicht kennt und so noch nie gesehen hat. Die lange Parierstange fasziniert ihn ebenso. Sie ist mit magischen Kristallen verziert, die sich in einer liegenden Acht ineinander verbinden. Das Kreuz ruht gelassen in den Händen von Hermes Trismegistos.

Der Meister und sein Schwert scheinen eine absolute Einheit zu sein. Es erwidert jeden Gedanken des Meisters, auf dass es seine Wünsche ausführen kann. So wie ein Gedanke sein Ziel erreicht, so gehorcht das Schwert den Befehlen seines Meisters. Es ist ganz und gar eine Wesenheit geworden, die absolut nur auf Hermes Trismegistos abgestimmt ist. Der Ort (die Spitze) leuchtet und glänzt in Kupfer. Das Kupfer leitet die enormen Lichtenergien, die durch die Klinge fließen, wie ein Laser gebündelt weiter. Genau dorthin, wohin der Meister sie haben will.

Ramosh ist überaus fasziniert und genießt den Anblick dieses magischen Schwertes. Nirgendwo Stahl oder Eisen, nur Licht und ein winzig kleines bisschen Kupfer, reines Licht, das auch die jeweilige Größe der Klinge ausmacht. Ein beeindruckendes Bild, der Meister und sein Schwert!

Während sich Ramosh in Betrachtungen verloren hat, erscheint hinter dem Meister, nur neblig wahrnehmbar, die große Pyramide der alten ägyptischen Königreiche. Sie ist der Kraftort für Hermes Trismegistos und der Tempel, in dem er seine Schüler unterrichtet. Die Brüder staunen über die Erscheinung, sie ist ein Hologramm aus anderen Zeitlinien. Der Meister gewährt den Brüdern einen Blick in ein weiteres Paralleluniversum innerhalb dieses Paralleluniversums!

Wirklichkeiten und Realitäten weben sich nahtlos ineinander.

Der Laserstrahl, auf dem der große Meister angereist kam, hat sich wieder verfestigt und dient jetzt als Brücke. Hermes Trismegistos verabschiedet sich von den Brüdern, versichert ihnen Beistand, wann immer sie danach fragen.

„Pixie? Kommst du mit mir zurück oder bleibst du bei Tashi und Ramosh?"

Pixie, ganz gemütlich und sehr vertraut an Tashi gekuschelt, stellt ihren Kopf leicht schräg. Diese Kopfbewegung hat einfach etwas Magisches. Sie hat eine Art, ihr Gegenüber fragend, durchschauend, wissend anzugucken.

Tashi kreuzt die Finger so, dass es niemand sehen kann. Er wünscht sich sehr, dass sie bei ihm bleiben würde. Aber einer Elfe kann man nichts vormachen, geschweige denn einem großen kosmischen Meister! Sie beide wissen um Tashis Wunsch.

Pixie schwebt auf Tashis Arm, öffnet seine heimlich verschränkten Finger, lächelt den Meister an und schweigt.

Hermes Trismegistos akzeptiert ihre Entscheidung. Dann grüßt er sie alle zum Abschied und so wie er angekommen ist, so reist er in seiner Lichtkugel über diese Laserbrücke direkt in die Pyramide zurück. Es geht wieder mal alles sehr schnell, flüssig und ruhig vonstatten.

Pixie schaut ihrem Meister lange nach. Dann wendet sie sich Tashi zu, schwebt vor sein Gesicht, berührt sein drittes Auge sehr sanft. Sie will, dass er sie und ihr Wesen noch besser erkennen kann. Diese leise, federleichte Verbindung der beiden wird bei jeder ihrer Berührungen immer intensiver. Sie spricht nichts, verändert die Farbe ihres Zauberkleidchens nur leicht und bleibt ganz nahe bei ihm.

Nun steht Moldavit vor die Brüder hin und sein Licht scheint direkt in die Wirbelsäule und das Nervensystem von Tashi und Ramosh.

Moldavit lächelt sein stets freundlichstes Lächeln. Bei der Übertragung beginnen die beiden sofort zu schwitzen, die neue Sternenenergie ist sehr stark und auch die letzten Reste menschlicher Blockaden schmelzen dahin. Das Tor zur Zentralsonne ist weit aufgegangen, was für beide Brüder einen Durchbruch in ihrer Persönlichkeitsstruktur bedeutet. Sie sind sich jetzt noch näher und vertrauter als zuvor. Es sind dies die emotionale und geistige Nähe, in der sie tiefer miteinander verschmelzen.

So viele Ebenen weben sich nun ineinander. Moldavit und Malachit, die beide ihren Ursprung aus anderen Sternensystemen haben, bewirken dieses räumliche, wissende, lehrende, erfahrbare Ineinander-Weben.

Es wird ganz ruhig, die Energien, die Anwesenden, der sie umgebende Raum, alles dehnt sich in eine entspannte Ruhe aus.
Das Atmen geht ganz leicht und unverkrampft.
Nach geraumer Zeit der Erholung verabschiedet sich Moldavit, lässt aber sein Licht weiterhin im Raum leuchten. Die beiden werden dieses Leuchten mitnehmen und die Menschen werden sich wundern, wenn Tashi wieder unter ihnen weilt. Er wird eine große, ruhige heilende Kraft aussenden. Das neu ausgerichtete Nervensystem erlaubt es ihm, sich leicht und mühelos an herantretende Situationen anzupassen.
Ramosh wird das neue Wissen des Moldavit auf seinen Reisen durch den galaktischen Raum weiterverbreiten. Auch er ist dankbar, dass sich so einiges mit anderen Sternenbrüdern lösen konnte. So ist er jetzt freier und wird bald befördert und in der Flotte seines Vaters aufgenommen werden.
Tashi wird weiterhin in seinem Erdenkleid verweilen, ist aber gleichzeitig auf vielen Ebenen und Wirklichkeiten zuhause.
Pixie und die Libelle haben zu weiterer Leichtigkeit und Erkenntnisse verholfen.
Tashi ist so dankbar für Pixie, da sie ihm Freude, Ruhe und gleichzeitig Sinnlichkeit und Lebendigkeit bewahrt. Trotz vieler schwieriger Prüfungen bringen Pixie sowie auch Andrach und sogar Klara, die er zu seinem Bodenpersonal zählt, das Element des Fröhlich-Seins mit.

Nachdem die drei sich genügend ausgeruht haben, erscheint Malachit wieder. Die Spiralenergie hat geholfen, das Neue zu verarbeiten und zu verankern.
Pixie spielte charmant mit den Brüdern, damit sie sich so richtig entspannen konnten.

„Jungs, es ist Zeit, wieder durch das Portal zurück auf die Plattform zu reisen. Deine Wächter warten dort auf dich, Tashi."

Tashi freut sich, seine ebenfalls neu ausgerichteten und umprogrammierten Wächter Nga und Waka begrüßen zu dürfen. Sie ziehen los und er bemerkt, dass sie ja gar nicht weit vom Portal entfernt waren. Diese Entdeckung überrascht Tashi. Es schien ihm alles viel weiter entfernt. Auch hier gilt die Regel: Die Sinne täuschen, es ist nicht so, wie es aussieht …

Tashi muss unwillkürlich lachen, das scheint ein Lieblingsspruch der Menschen zu sein … „Es ist nicht so, wie es aussieht." … Gilt aber im Moment auch für ihn. Er erzählt seinem Bruder, dass die Menschen oft sagen, dass es nicht so aussieht, wie es ist, wenn sie sich rechtfertigen wollen. Tashi erzählt einige Anekdoten aus der Menschenwelt, was Ramosh ebenfalls zum Lachen bringt. In der Menschenwelt kann man noch nicht Gedanken lesen, deshalb gibt es sehr, sehr oft Lügengeschichten, die viele lieber hören wollen als die Wahrheit. Es ist schon lange her, dass Ramosh im Menschenkleid verweilte. Deshalb mag er sich an gewisse Dinge nicht mehr so richtig erinnern. Diese Erinnerungen sind auch nicht von Wert für seine jetzige Aufgabe. Aber es ist dennoch lustig, wenn Tashi von seinen Menschen Erlebnissen erzählt.

Sie lachen und Tashi dreht eine Pirouette mit Pixie, die auf seinen Schultern sitzt, tanzt leicht um sich selbst herum, einfach, weil er sich so leicht fühlt. Ramosh spürt die große Liebe zu seinem Bruder und genießt dieses Gefühl.

Schon von weitem sehen sie die großen prächtigen Säulen und Ramosh ist erneut hingerissen von den Inschriften. Ein weiteres Mal berührt er die Säule, fährt mit den Fingern den Symbolen entlang. Diesmal ertönen leichte Klänge, nur für seine Ohren bestimmt. Seine eigene Lichtmelodie vereint sich mit den Klängen und er fällt leicht in Trance. Er steht ruhig dort und gibt sich ganz hin.

Während Ramosh in seiner eigenen Traumwelt weilt, steht Tashi vor seinen Wächtern, die ihn glücklich anstrahlen.

Tashi weiß nicht so recht, wie er darauf reagieren soll. Sie sehen ganz anders aus. Noch größer als zuvor, ganz klar, mit vielen Diamanten, leuchtenden Lichtperlen übersäht. Sie sind weder männlich noch weiblich. Tashi schaut zu Malachit. Malachit weiß genau, was in Tashi abläuft.

„Das sind wirklich meine neuen Wächter Malachit? Sie sind viel zu schön und zu gut für mich. Wie soll ich mit dieser Kraft und Schönheit mithalten? Dieses Leuchten, diese Freiheit, diese Größe, die alles zu umarmen scheint. Das alles ist für mich? Malachit???"

Tashi setzt sich hin, zu Füßen von Nga und Waka. Er fühlt sich winzig klein und nicht würdig. Seine Selbstzweifel übermannen ihn. Er muss doch irgendwie im limitierten Menschenkleid funktionieren. Wie soll man das alles ausleben? Tashi ist fast ein wenig verzweifelt. Wo scheint die Freude so plötzlich hingekommen zu sein?

Pixie spürt die Verstimmung, die Ängste, sein kleines armes Ich, das um Aufmerksamkeit sucht, weil er sein Sosein und die eigene Schönheit nicht akzeptieren kann. Sie beginnt leise Tashis Seelenmusik zu summen. Er hört ihr zu und es erinnert ihn an den Schmetterling, den er von Freyja bekommen hat kurz vor seiner Geburt ins Schattenland. Auch er, sein Schmetterling, hat sich damals so sehr bemüht, ihm die Seelenmusik zu singen in seiner großen Verzweiflung.

Wird er noch einmal geboren werden müssen? Um Gottes willen!

„Ramosh, Malachit, Andrach, Andrach, Pixie, nein bitte nicht, Malachit!"

Die Umpolung

Dunkle Schatten, wie Parasiten, erscheinen um die großen Säulen. Seine Wächter dürfen ihn noch nicht berühren oder eingreifen. Malachit umhüllt Tashi erneut. Die Säulen selbst beginnen zu sprechen, eine Sprache nur für Tashi bestimmt.

Die Schatten werden stärker und reißen Tashi tief in sein inneres kleines unglückliches Ich. Das Ich, das sich vom großen Ganzen, vom Licht der Ur-Sonne abgetrennt hat. Die Schatten verdunkeln sein Seelenlicht. Tashi beginnt zu weinen. Die Parasiten würgen ihn am Hals. Er möchte schreien, aber er verliert seine Stimme.

Jetzt ist er über sich selber enttäuscht, dass er sich so gehen lässt, und das vor seinen traumhaft schönen Wächtern, vor Malachit, Pixie und sogar noch vor Ramosh. Er schämt sich und wird sogar wütend. Als der Schatten immer mehr würgt und ihn von der Säule wegziehen will, beginnt er zu schreien. Ein grauenhaftes Schreien, das sich wie der Schrei eines wunden Tieres anhört.

Pixie fühlt mit ihm, hält sich die Ohren zu, singt aber weiter.

Mit ihrem Zauber ruft sie ihre Elfen-Geschwister, die augenblicklich in Scharen herbeiströmen, und so singen sie Tashi gemeinsam durch seine Transformation.

Ramosh schreckt aus seiner Trance auf, dieser Schrei geht durch Mark und Bein. Ein Schrei, der tief bis in die Seele schmerzt, nicht nur den Ohren weh tut. Er rennt auf seinen Bruder zu, wird aber von Malachit aufgehalten.

Ramosh schaut dankbar den aber vielen Pixies zu, die eine wunderschöne Aura aufbauen, sodass Tashi nicht wirklich sterben muss.

„Warte, es ist gleich vorbei Ramosh. Tashi wird sich von seinem kleinen Ich und unzulänglichen Selbstwert befreien. Er erfährt seine eigenen Schatten, die dunklen Kräfte, um sich ihrer Zerstörung bewusst zu werden. Nur durch diese Hölle wird er seine Schicksalsschläge erkennen und auflösen können. Die Schatten sind auch Lehrer, sie dienen zur Erkenntnis, um aus dem Sumpf und den niederen Schwingungen, die alles gefangen halten, aufsteigen zu können.

Tashi ist bereits auf dem Regenbogen seinem Schatten begegnet. Das Schattenwesen, der Dämon, hat versichert, dass er ihm wieder begegnen würde und ihn nicht ohne Weiteres einfach so aus seinen Klauen gehen lässt. Die Schatten brauchen das Licht, um sich weiterentwickeln zu können!

Tashis Wächter sind aufgestiegen und warten, bis sein altes Selbst den Kleingeist, das kleine Denken, ablegen kann. Hab Geduld, er wird gleich so weit sein. Dein Bruder gebärt sich in sein größeres Selbst, in seine Alcyone-Herkunft. Er wollte doch sein Zukunftsselbst integrieren. Nun, das tut er gerade, deshalb müssen das kleine Ich, die Selbstzweifel und das ‚ich bin nicht gut genug' von ihm weichen.

Wenn er wieder mit seinen neucodierten Wächtern zusammengeschmolzen ist, wird sich ein neuer Identitätsaspekt entfalten. Tashi formt eine neue Beziehung zu seinem Körper, genau das, wovor er sich am meisten gefürchtet hat. Mit dieser neuen Identität, seinem Sonnenselbst, wird er einen neuen Lebensfilm beginnen.

Da Nga und Waka jetzt auf einer höheren Frequenz operieren, muss Tashi auf dieselbe Frequenz eingestellt werden. Da gibt es keine Resonanz mehr zu seinen Zweifeln oder Ängsten, bekannter oder unbekannter Art.

Unser Superbewusstsein wird sich dann durch seinen Körper ausdrücken können.

Der Schatten, die Parasiten, denen man immer wieder auf die eine oder andere Art begegnet, haben ihn überlistet: Er begegnete ihnen in seinen Selbstzweifeln. Hast du bemerkt, wie er reagiert hat auf seine neuausgerichteten Wächter? Er hat sich nicht für gut genug befunden mit ihnen weiterzureisen! Traurig nicht? Wo doch die Schöpfung nur das Beste möchte für die Seele.

Die Schöpfung möchte sich selber erfahren, und das tut sie durch jeden Einzelnen. Jeder ist ein eigenes Universum, alles gebärt sich aus derselben Quelle. Du Ramosh, ich Malachit, Tashi, wir sind alle aus demselben Gedanken der Schöpfung entstanden. Die Vielfalt im Kosmos hat sich durch die jeweilige Ansammlung von Erfahrungen eines Wesens geformt.

Tashi wird später mit dir in andere Zeitlinien reisen, selbst wenn er noch im Menschenkleid verweilt. Er wird mit diesem Prozess sein sterbliches Selbst überwunden haben. Dadurch kann sich die höhere Lichtintelligenz entfalten und sich in ihrer Weisheit und Herrlichkeit ausdrücken. Sei stark für ihn Ramosh!"

Ramosh hält sich die Ohren zu, diese verwundeten Schreie sind fast zu viel für ihn. Tashi krümmt sich auf dem Boden, er kämpft ganz alleine mit seinen Schattenwesen. Nicht einmal Andrach eilt zu Hilfe. Ramosh ist verzweifelt.

Nur das wunderbare Energiefeld, das Pixie mit ihren Freunden aufbaut, hilft Ramosh, ebenfalls stark zu bleiben.

„Malachit, gibt es wirklich nichts, das wir für ihn tun können? Es ist grauenhaft zuzusehen."

Gerade als die Schatten erneut zugreifen und Tashi völlig in den Boden drücken und er aufgeben will, er aufhört dagegen zu kämpfen, lösen sich die Säulen von ihrem festen Platz und bilden eine Spirale, die Tashi, der fast nicht mehr atmet, aufnehmen. Sie stärken seine Wirbelsäule, lassen den Klang durch die atomare Zellstruktur einfließen und reinigen sein altes Gedankengefüge.

Ramosh will erneut zu Tashi rennen, weil es mittlerweile aussieht, als wäre er gestorben. Aber wieder hält ihn Malachit auf. Er darf sich nicht einmischen. Ramoshs Kriegerselbst erwacht. Er steht gerade und ganz aufrecht hin, selbst wie eine Säule anzusehen, und beginnt in Sternensprache zu sprechen. Eine Litanei, die direkt aus seiner Heimat Sirius kommt.

Er übernimmt ein Teil der Schmerzen, die Tashi aushalten muss.

Tashis Wächter sind dieser Arbeit entledigt und tragen diese Kodierungen nicht mehr mit sich. Also können sie diesen Prozess nicht mehr unterstützen, da keine Resonanz mehr vorhanden ist. Kodierungen folgen immer ihrem programmierten Muster, sie können nichts anderes, als in einer Endlosschleife dem eingegebenen Programm zu gehorchen, bis die Muster durch Erkenntnisse aufgelöst werden!

Nga und Waka haben ihren Erneuerungsprozess erledigt. Sie stehen bereits für das neue Wesen und die neue Ausdrucksform von Tashi.

Tashi ist mitten im Todeskampf des Sterbe- und Erneuerungsprozesses. Was in Sternenwirklichkeit nur ein paar Augenblicke dauert, kann im Menschenkleid gut und gerne einige Jahre bedeuten.

Der Kampf der Schatten dauert weiter, aber sie verlieren an Kraft, da die Säulen Tashis Wesen an seine Wächter anpassen. Die DNS wird gründlich von alten Mustern gereinigt. Die Umpolung ist in vollem Gange.

Die Erinnerung und Übertragungen seiner Menschenfamilie werden aus seinem System gereinigt. Blut ist der Übermittler und Speicher von Familiendaten! Diese Kodierungen werden nun gelöscht und auf Lichtinformation umgestellt. Die kristalline Struktur wird in Tashis Wesen aktiviert.

Somit wird er sehr schnell seine höhere Lichtintelligenz erweitern können, so wie er das auf seiner Regenbogenreise bei den kristallenen Schädeln bereits erlebt hat. Merlin hat ihm damals mitgeteilt, dass er sich, wenn er sich ganz seiner Sternenherkunft erinnern möchte, mit dem Licht in Verbindung setzen soll.

Malachit kommt jetzt endlich zu Hilfe. Auch Ramosh ist es nun erlaubt einzugreifen. Ramosh hält sich an die Wächter und beginnt den Ur-Klang zu summen. Die Parasiten reagieren sofort und werden wütend. Sie bäumen sich auf, können aber die Säulen, die Tashi schützen, nicht mehr erreichen. Die Wächter senden ihr diamantenes Licht direkt auf die Parasiten. Die wiederum schreien denselben schreckenerregenden Schrei, den Ramosh bereits von Tashi gehört hat. Malachit hilft Tashi und umhüllt ihn mit seinen schönsten Grünschattierungen. Die Inschriften in den Säulen werden lebendig und bewegen sich den Säulen entlang auf und ab. Das beruhigt Tashi ungemein und zum ersten Mal seit langer Zeit beginnt er sich zu entspannen.

Ramosh beobachtet seinen Bruder, der bleich und zermürbt aussieht. Er liegt völlig lahm und ausgemergelt in den Armen der Malachit-Säulen.

Ein Todeskampf der Mächte der eigenen inneren Zerrissenheit.

Ein Todeskampf der Superlative.

Erst jetzt hört Tashi das Summen wieder von Pixie. In seinem Kampf haben sich seine Sinne verschlossen und er nahm nichts mehr wahr. In seiner überaus großen Erschöpfung sieht er die vielen, vielen Pixies und das schimmernde kraftvolle Energiefeld, das sie um ihn herum aufgebaut haben. Ein dankbares Lächeln dehnt sich über sein Gesicht. Er nimmt jetzt auch Ramosh wieder wahr und hält ihm schwach die Hand entgegen.

Das diamantene Licht der neu ausgerichteten Wächter zerstört den Schatten endgültig. Sie haben ihre neue Wirkkraft erfolgreich angewendet. Sie lächeln Tashi an, der so erschöpft ist, dass er alles aus weiter Ferne wahrnimmt.

Nga und Waka haben doch vorher nie gelächelt? Tashi ist überrascht und gibt sich ganz der Hilfe von allen Beteiligten hin. Er hat das Kämpfen und das Sich-dagegen-Wehren aufgegeben.

Er schließt die Augen und hört dem Summen seines starken Bruders Ramosh zu. Malachit erneuert seine Kräfte und die Säulen helfen den Wächtern, sich neu mit Tashis Wirbelsäule zu verankern. Das könnte allerdings noch mal etwas Schmerzen auslösen.

Aus dem Nichts wie so oft in diesen Wirklichkeiten, in der sich alles flüssig bewegt, erscheint Hermes Trismegistos, um Tashi diese Verankerung zu erleichtern. Bis in seine Ebene hat der Meister die Verzweiflung seines Schützlings vernommen. Und hat natürlich auch Pixies Ruf nach ihren Geschwistern gehört. Er will ihn nicht alleine lassen in seiner Misere und ist kurz zurückgekehrt, um Hilfe und Unterstützung zu leisten.

Tashi spürt die Gegenwart des Meisters und lächelt im Halbschlaf. Er ist seinen wunderbaren Helfern völlig ausgeliefert. Auch eine neue Erfahrung, da er nichts unter Kontrolle hat und auch nicht viel dazu beitragen kann außer seiner Einwilligung. Er ist unglaublich dankbar und lernt, auch mal Hilfe anzunehmen, so wie Freyja das auf dem Regenbogen bereits versprochen hat.

Das wird er jetzt akzeptieren, umsetzen und lernen, mit mehr Leichtigkeit und in Harmonie mit dem größeren, erweiterten Selbst, seinem sich neu entfaltenden Aspekt im Menschenkleid zu leben.

Nun zieht der große Meister sein Lichtschwert und richtet es erst auf die Säulen, dann auf die Wächter und am Schluss auf Tashis Wirbelsäule. Malachit unterstützt ihn mit seiner leuchtenden Farbe und so geschieht der Prozess schnell und viel einfacher. Die verschiedenen Wirklichkeiten und Lichtqualitäten müssen in den Nervenzellen harmonisiert und ausgerichtet werden. Ramosh schaut fasziniert zu und singt leise seinen Song weiter, der immer mehr mit dem Klang der sich bewegenden Inschriften übereinstimmt. Die platonischen Körper, die in Tashis Aura platziert wurden, werden ebenfalls verankert.

Der Lichtklang füllt den grünen Raum, die Heilung und Korrektur alter Missstände ist korrigiert. Große Kraft und Ruhe überstrahlen alles.

Wieder durfte ein sehr altes, über die Äonen altes Siegel, das ihn immer wieder zurückgehalten hat, aufbrechen und aufgelöst werden. Quälende Erinnerungen konnten endlich aufgelöst werden.

Es ist dies das Siegel der Krankheiten, Einsamkeit und Überlebenskämpfe, die tief in seinen Wurzeln einkodiert wurden, damit er sein Schöpfer-Licht nicht anzapfen und entfalten konnte.

Dunkle Mächte der Kontrolle haben das Licht zurückgehalten, damit sie sich selbst von diesen Lichtfrequenzen und deren Impulsen ernähren konnten.

Nun ist die Umpolung erfolgreich gelungen.

Tashi hat das Unglaubliche gemeistert!

Es ist, wie Merlin ihm erklärt hat: Wenn er alles aufgeben möchte, wird er durch einen Sterbeprozess geschleust, ohne zu sterben. Dieser Moment, den Meister Merlin ihm schon lange vorausgesagt hat, hat nun stattgefunden.

Nun kann sich seine Seele weiter ausdehnen. Wie Pixie bereits erwähnt hat: das Feld der unbegrenzten Möglichkeiten auf einer neuen Ebene entdecken.

Pixie und ihre Geschwister beginnen einen federleichten Tanz um Tashi herum. Die zarten Kleidchen der Elfen wechseln immer wieder sanft ihre Farben, um das größtmögliche Farbspektrum über Tashi auszuströmen.

Pixie lächelt Tashi immer wieder an. Er soll die Frequenz der Freude so schnell wie möglich wieder spüren. Farben und Klang sowie tiefe Freundschaften sind die schnellsten Heilschwingungen. Das wissen die Elfen und beginnen immer fröhlicher zu tanzen und treiben leichten Schabernack mit ihm. Ihr Singen unterstreicht die sprühende sanfte Farbenpracht.

Auch Nga und Waka haben ihre Aufgabe wieder aufgenommen, sie sind integriert in Tashis Wirbelsäule. Hermes Trismegistos umhüllt Tashi und Ramosh noch einmal in einer Lichtspirale.

Die Malachit-Säulen lösen sich aus Tashis Erneuerungsprozess und stehen wieder als Portal bereit.

Nach längerer Ruhezeit, in der sich Tashi erholt hat, darf Ramosh ganz zu seinem Bruder. Er umarmt ihn innig und sendet ihm telepathisch seine Empathie. Es wird nichts gesprochen. Worte würden nicht erklären können, was abgelaufen ist. Diese Dinge sind weit jenseits der Begrenzung irgendwelcher Worte oder des rationalen Verständnisses.

Malachit deckt die beiden wie eine weiche Kuscheldecke zu mit seinen Energien. Zusammen durchschreiten sie das Säulenportal und flanieren sehr langsam und gemütlich zurück zur Plattform. Pixie und ihre Geschwister umgeben und folgen ihnen. Durch die zauberhaften Kleidchen der Elfen sieht es aus, als würden durchschimmernde opalisierende Fahnen oder Seifenblasen hinter ihnen her wehen. Ein seltsamer, dennoch prachtvoller Feldzug zurück in ein neues Leben.

Tashi muss sich erst an seinen neu funktionierenden Körper gewöhnen. Er ist leichter und sein Herz schlägt einen anderen Rhythmus. Er ermüdet schnell. Ramosh stützt ihn und wartet mit ihm, bis er sich wieder erholt hat. So gelangen sie nach einer Weile auf der Aussichtsplattform. Dort wartet bereits Hermes Trismegistos auf sie.

Tashi ist erstaunt. Er fleht ihn förmlich an:

„Bitte Hermes Trismegistos, nicht mehr. Ich mag keine weiteren Prozesse. Ich bin viel zu erschöpft."

Leise entschlüpft ihm ein „Scheiße, bloß nicht"! Er hat momentan wirklich völlig absolut genug von heftigen Transformationsprozessen.

„Tashi, nein, natürlich nicht. Du sollst dich an deine neue Gegenwart gewöhnen. Du hast einen großen Schritt gewagt, den nicht viele Seelen erleben. Du hast deinen Meister selbst in dein Menschenkleid verankert. Und noch vieles mehr!

Ein neuer Zyklus beginnt für dich, gleichzeitig beginnt ein neuer kosmischer Tag in diesem Universum. Du hast dein Zukunftsselbst integriert! Wobei Zukunft auch eine Illusion ist. Du hast dein größeres Ganzes, ein ganz neues elektrisches Feld in dein Menschsein integriert. Etwas, das die Menschengesellschaft erst in ein paar Hundert oder sogar Tausend Jahren erfahren wird.

Wann immer du mich brauchst, ich bin für dich da. Du selber bist ein großer Meister. Eines Tages wirst du es akzeptieren können. Du bist für uns, wir sind für dich. Sei gesegnet."

Und mit diesen Worten verabschiedet sich der Meister erneut. Er zückt sein Schwert und das Gefährt, die Kristallkugel, erscheint augenblicklich. Er steigt ein und beide verschwinden so schnell, man kann es mit bloßen Augen kaum wahrnehmen.

Malachit, der gewartet hat, bis Meister Hermes Trismegistos sich verabschiedet, berührt die beiden Brüder.

„Kommt, genießt das Ruhen. Setzt euch doch ein wenig ins frische grüne Gras, um euch zu erfrischen. Der Duft des Grases wird dich beruhigen und erquickt Tashi. Danach geht's endgültig zurück zum Lebensbaum und deiner geliebten Ahnenbank. Versprochen!"

Dabei streicht er Tashi über seine müden Haare, die ihren Glanz und ihre Kraft momentan verloren haben.

Tashi schließt die Augen und genießt den herrlichen, belebenden Duft des Grases. Er zieht Malachits flauschiger Energie-Kuschelmantel enger um sich, dann dauert's auch nicht lange und er fällt in einen ruhigen und tiefen Erholungsschlaf.

Pixie bedankt sich bei ihren Geschwistern für ihr eiliges Erscheinen. Sie bleiben noch ein wenig und unterhalten sich leise. Sie beobachten ihren Tashi, wie er schläft. Sie mögen ihren Jungen, sie nennen ihn sogar „ihren" Tashi!

Man muss den Jungen einfach ins Herz schließen.

Leise und sanft schwirren sie ihm um den Kopf zur besseren Betrachtung. Er sieht so friedlich und hübsch aus in seinem Schlaf.

Irgendwann wird es Zeit, sich zu verabschieden. Pixie schwebt wie eine Königin vor sie alle hin, hält eine kurze Rede, winkt ihnen zu und dann, ein kurzes glitzerndes Aufflackern, sind sie einfach weg! So wie der Meister. Puff – weg!

Ramosh schüttelt den Kopf. Tja, auch da gibt es nix dazu zu sagen … er lächelt Pixie nur erstaunt an und bedankt sich für ihren tollen Einsatz. Sie schäkert kurz mit ihm, hält ihren Kopf wieder in ihrer berühmten Schieflage, in der ihre Augen unwirklich grün und türkis leuchten. Dann legt sie sich in Tashis schlafende Arme. Beinahe wie Klara das jeweils tut. Tashi huscht ein Lächeln übers Gesicht, obwohl er doch tief schläft. Er hat sie gespürt!

Ramosh beobachtet die beiden, schaut sich dann verstohlen um. Ob die vier Säulen bei der Treppe noch eingraviert sind? Malachit hat die Gedanken gehört und stupst ihn an, seinem Wunsch zu folgen. Freudig steht Ramosh auf, nachdem er sich versichert hat, dass es Tashi gut geht. Zurück bei den Säulen studiert er wieder die Inschriften und Zeichen. Auch hier beginnen sie sich zu bewegen und senden ihm schwingungsmäßig Informationen zu. Er ist überglücklich. Seine Erinnerungen aus längst vergangenen Zeiten auf Erden erwachen wieder.

Aus einem seltsamen Zeichen, das er nicht eruieren kann, erscheint plötzlich ein wunderschönes Wesen, silbergrau diamantenes Licht strahlt aus ihr. Sie ist überirdisch schön und beinahe durchsichtig. Sie schillert in sanften Farben, die er bisweilen nur weit hinter dem Regenbogen gesehen hat, nirgends sonst.

Sein Herz schlägt wie verrückt. Er kennt dieses Wesen, und doch kennt er sie nicht. Irgendetwas tief in seinem Inneren schwingt auf eine neue Frequenz. Er traut sich kaum zu atmen, um diese Fata Morgana nicht zu zerstören. Sie bleibt bewegungslos stehen und schaut tief durch ihn hindurch. Er schaut zurück, direkt in ihre Augen, in ihr Wesen. So verbleiben sie eine Weile, ohne irgendwelche Worte oder Andeutungen auszutauschen.

So schnell, wie sie erschien, so schnell löst sie sich auf. Ramosh, der schöne starke große Bruder, ist absolut regungslos und still geworden, bis tief hinein in sein innerstes Wesen.

Nach geraumer Zeit beginnt er wieder zu atmen. Er kehrt zu Tashi zurück, der entspannt schlafend auf dem Gras liegt. Ramosh legt sich neben ihn. Tashi reicht ihm im Halbschlaf die Hand.

„Du bist Shekina begegnet."

„Waaas? Woher weißt du, wer oder was sie ist und wieso weißt du, dass ich jemandem begegnet bin???"

Ramosh ist wieder mal völlig überrascht über seinen Bruder.

Tashi hat das emotionslos als Feststellung geäußert. Selbst im Schlaf sind seine Antennen auf Empfang eingestellt.

Es ist sehr lange sehr still. Jeder schwebt in seiner eigenen Gegenwart. Und dennoch sind sie tief miteinander verbunden.

„Wer ist Shekina?"

„Shekina ist das Geheimnis!"

„Sie ist die Göttin???"

„Yup …"

Stille.

Noch mehr Stille und Staunen.

In diese Stille macht sich Malachit bemerkbar. Er hält Tashi das seltsame Fernrohr hin, der jetzt seine Augen öffnet.

„Möchtet ihr beide noch einmal eure Schwester sehen, bevor wir die Plattform verlassen?"

Tashi setzt sich augenblicklich ganz wach auf und Pixie fällt beinahe aus seinen Armen. Schon ein Vorteil, wenn man schweben kann! Sie disloziert auf seine Schultern. „Uuups, sorry Pixie! Und ja sehr gerne Malachit, das wäre schön, Anaisha ein weiteres Mal zu sehen!"

Er nimmt das Fernrohr und fokussiert sich. Sofort erscheint seine Schwester, sie leuchtet richtiggehend, sie ist glücklich. Sie hält ihren Sohn, der bereits etwas größer geworden ist, in ihren Armen. Auch Ramosh schaut halbwegs ins Fernrohr mit Tashi. Der Kleine lächelt die Brüder, die seine Onkel sind, an, und ihre Schwester winkt ihnen zu.

„Ich bin so dankbar für mein Sonnenkind Tashi. Mein Sohn bringt das Beste in mir hervor. Ich wusste gar nicht, dass ich so gerne Mutter bin. Und wie ist es euch ergangen?"

Und so erzählt Tashi von seiner Reise und den Strapazen. Als er fertig ist mit seiner Geschichte, stupst er Ramosh an, ob er auch noch mit ihrer Schwester Anaisha reden möchte.

Ramosh nimmt das Fernrohr und schaut in die andere Zeitlinie, wo sich seine Schwester und ihr Sohn befinden. Als sie Ramosh sieht, ruft sie aus:

„Meine Güte, wie siehst du denn aus? Was ist geschehen?"

Etwas müde antwortet er.

„Shekina ist mir gerade begegnet!"

„Oh! Ja dann verstehe ich dich. Was für eine Ehre großer Bruder."

„Ist sie dir auch schon begegnet? Tashi wusste auch von ihr!"

„Tja mein Lieber. Sie wohnt in uns allen. Sie ist das weiblich göttliche Prinzip, das weibliche Universum schlechthin."

Sie antwortet kurz und bündig, wie es Tashis Art ist, sie ähneln sich offensichtlich sehr. Bis anhin war ihm das nicht so bewusst, weil er die beiden ja auch lange nicht mehr zusammen gesehen hat!

Ramosh fühlt sich etwas ausgelassen. Woher wussten die beiden bereits von Shekina und er noch nicht? Jovial überbrückt er den Moment.

„Damit muss ich erst mal zurechtkommen. Zeig mir doch den Jungen mal etwas besser."

Anaisha dreht ihr Kind so, dass Ramosh ihn gut sehen kann. Der Kleine freut sich und winkt seinem Onkel zu. Der macht gerade lustige Grimassen, die den Jungen zum Lachen bringen. Die goldenen Augen des Kindes sind enorm. Was für eine Strahlkraft! Ramosh ist verzaubert. Er spielt mit dem Jungen, einmal Tashi und dann wieder Ramosh, die sich mit dem Fernrohr abwechseln. Das Sonnenkind gurgelt vor Freude über seine Onkel, versucht verschiedene Grimassen von Ramosh nachzumachen, was zu allgemeinem Gelächter führt. Tashi versucht, ihm einige schwierige Worte in Sternensprache weiterzugeben. Der kleine Junge ist klug, er schaut genau auf die Mundbewegungen seines Onkels und prompt übernimmt er einige neue Worte in seinen Sprachschatz. Aber als Tashi versucht, ein paar Menschenworte zu vermitteln, kugelt sich der Kleine vor Lachen! Anaisha und ihre Brüder sind überrascht über diese Reaktion. Nun ja, im Gegensatz zu den diversen Sternensprachen, die ganz anders fließen, ist die Menschensprache im Vergleich doch sehr limitiert, holperig und schwerfällig anzuhören. Ramosh versucht ebenfalls einige Menschenworte zu übernehmen. Aber es hört sich nicht so richtig an. Vor allem machen Menschenworte in diesen Zeitlinien nicht besonders viel Sinn. Also wird weiterhin in fröhlicher Sternensprache kommuniziert.

So spielen sie hin und her und unterhalten sich, bis alles erzählt ist.

Als der Kleine genug gespielt hat und Tashi wieder etwas ermüdet, winken sich alle nochmal zu und verabschieden sich.

Man weiß nicht, wann man sich das nächste Mal wiedersieht. Als Anaisha und der Kleine aus dem Sichtfeld geraten, reicht Ramosh das seltsame Fernrohr zurück zu Malachit.

„Ihr beide, wann immer ihr bereit seid, lasst es mich wissen und ich führe euch zurück zu eurer Sternenmutter. Sie und Klara warten bereits auf euch!"

Dann winkt Malachit Pixie unauffällig zu sich.

„Pixie wie steht's mit dir? Wie weit willst du Tashi in seine anderen Welten begleiten? Wie lange möchtest du bei ihm bleiben? Hast du dir das schon überlegt? Du musst jetzt deine Entscheidung abliefern, bevor sich Tashi zurückbegibt."

„Ich weiß Malachit. Ich habe mich bereits für die weitere Begleitung mit Tashi entschieden und werde ihn zurück zu seinem Kraftort begleiten. Es wäre mir eine Freude, wenn ich wie Andrach dauerhaft in seinem Feld bleiben könnte. Wenn er jetzt, nach dieser erschöpfenden und erneuernden Reise, zurück zu den Menschen gelangt, möchte ich unsichtbar für ihn da sein, da ein ganz neuer Zyklus für ihn beginnt. Ich möchte seine Freude und seine Leichtigkeit sein. Er braucht jegliche Unterstützung, die er bekommen kann. Und er nimmt sie ja auch an, also kann unsere Aufgabe, ihn zu begleiten, zu größtem möglichen Potenzial ausgeschöpft werden. Das dient uns allen."

Pixie schweigt und betrachtet Malachit. Der lässt sich Zeit.

„Du bist eine weise Meisterin Pixie, du wirst mit ihm reisen. Dazu wünsche ich dir Geduld und viel Freude in deiner Aufgabe. So ist es gut, so soll es sein! Du hast unseren Segen!"

Er hält ihr seine weit ausgedehnten Arme einladend hin. Sanft setzt sie sich darauf.

„Du sollst ihn immer an die große Stille, den Ozean der Leichtigkeit und des dahinplätschernden Lebens erinnern! Pixie, du Schöne!"

Malachit betrachtet sie lange, stupst sie freundlich, aber sehr sanft an, sehr sanft, denn sie ist ja eine zarte Elfe. Eben federleicht!

Dann führt er sie zu Tashi und sie schwebt zurück zu ihrem Schützling, der noch nichts von ihrer soeben getroffenen Entscheidung weiß.

Die Brüder genießen es und lassen sich Zeit, nichts eilt wirklich. Ramosh würde gerne ein Stück die Spiraltreppe hinuntergehen, um sich ein weiteres Mal mit den Zeichen zu verbinden. Er spürt, dass er Shekina nicht wiedersehen wird. Nicht dieses Mal. Aber gewisse Symbole und Inschriften will er sich trotzdem noch einmal näher ansehen.

So lässt sich Tashi von Malachit direkt die Spirale hinuntergleiten, auf der sie aufgestiegen sind, während Ramosh sich erneut zur Treppe begibt. Die vier Säulen leuchten etwas stärker, als wollten sie Ramosh noch einiges mitteilen.

Die Begrüßung

Tashi erscheint zurück in der Landschaft bei seiner Lieblingsahnenbank und seinem Baum. Pixie stolz und glücklich auf seinen Schultern. Die Amsel zwitschert aufgeregt und heißt ihn und Pixie, die für sie keine Fremde ist und welche sie bereits aus der Anderswelt kennt, fröhlich willkommen. Pixie und die Amsel lächeln sich wissend zu, so als wäre ihre Gegenwart das Selbstverständlichste.

Die Amsel sieht sofort, dass etwas anders ist an ihrem hübschen Jungen. Er hat sich in den Zwischenwelten verändert. Aber es steht ihm gut. Er ist reifer geworden. Sie singt ein Lied ganz speziell für ihn. Tashi hört ihren Song noch, bevor er seine Füße ganz auf die Landschaft, die ihn ebenfalls begrüßt, setzt. Er schwebt noch mitten im grünen Malachit Licht.

Von Weitem sieht er seine Sternenmutter auf der Bank sitzen und auf ihn warten. Sie hat ihn gleich gesehen und steht sofort auf.

Auch Klara rennt fröhlich auf ihn zu. Aber als sie näher zu ihm kommt, stutzt sie. Er ist anders, ihr Freund Tashi hat sich verändert! Und da schwebt noch jemand mit ihm, klein, aber auffällig magisch. Klara schaut zur Sternenmutter, die natürlich weiß, was abgelaufen ist. Sie hat die Kämpfe ihres Sohnes mitbekommen. Sie nimmt Klara auf den Arm und zusammen spazieren sie Tashi entgegen. Der Baum beginnt sich zu bewegen und die Blätter, die stumm seine Ankunft beobachtet haben, beginnen ihr fröhliches Rascheln.

Das Singen der Amsel, die Musik der Blätter, seine Sternenmutter und Klara – was für ein schönes Willkommen! Er ist wieder auf festem Boden in seinem vertrauten momentanen Erdenzuhause und gerade stellt er fest, dass es ihm beginnt, ganz gut zu gefallen. Er lacht und rennt seiner Sternenmutter fröhlich entgegen. Pixie schwebt federleicht neben ihm her. Klara starrt ihn und das neue Wesen unsicher an.

„Klara, Klara, na hör mal! Schau, ich bin es doch, dein Tashi! Komm in meine Arme und rieche mich, dann erkennst du mich wieder. Meine neue Aura bringt dich wohl etwas durcheinander. Das verstehe ich. Ich muss mich auch erst daran gewöhnen."

Klara lässt sich von Tashi in die Arme nehmen. Ja sie erkennt ihn wieder! Er riecht immer leicht nach Honig, Rosen und Pfefferminze. Das ist geblieben. Der Nektar und der Rosenduft, ja das ist gut so. Sie schmiegt sich ganz an seine Brust und genießt den Augenblick. Dabei schielt sie verstohlen auf Pixie, die sich noch nicht vorgestellt hat. Sie braucht einen Moment, um sich an ihren neuen Tashi zu gewöhnen. Pixie nimmt es gelassen und wartet.

Die Sternenmutter legt ihren Arm um ihn und zusammen spazieren sie zu Tashis geliebter Ahnenbank. Erst umarmt er seinen Baum und dann bestaunt er die nach Harz duftende Bank, die neue Gravuren eingeschnitzt bekommen hat. Die magische Bank sieht sein erstauntes Gesicht und spricht mit ihm:

„Siehst du Tashi, jedes Mal, wenn du ein weiteres Hindernis bestanden hast, verschönert sich dein Wesen. Ich bin Teil von dir, ich bin sozusagen deine Geschichte über unzählige Generationen. Die Inschriften erzählen von deinen Abenteuern. Als Kind bist du mit Malachit und Moldavit gegangen, als Meister bist du zurückgekehrt. Wir alle gratulieren dir!"

Tashi ist entzückt, ach wie sehr er seine Bank liebt! Tief atmet er ihren würzigen Holzduft ein. Er bedankt sich bei allen, seinem Baum, der Bank, der Amsel, Klara, die auf ihn gewartet hat. Zum Schluss umarmt er seine Sternenmutter erneut inniglich.

Endlich nimmt er sich Zeit, Pixie allen vorzustellen. Er öffnet seine Hand, damit sie sich bequem darauf setzen kann.

„Das, meine Lieben, ist Pixie. Sie ist mir auf meiner Reise begegnet, hat sich mit mir verbündet und ist nun als Ergänzung meines Wesens mitgekommen. Pixie ist eine Lichtelfe aus dem Ätherreich und hat sich entschieden, den weiteren Weg mitzukommen als Erinnerung und Unterstützung, wenn ich mal wieder Schwierigkeiten habe mit der Menschenwelt!"

Liebevoll schaut er sie an, sie lächelt ihr geheimnisvolles, alles wissende Lächeln.

Dann wendet sich Pixie an Klara.

„Klara, du Schöne, du brauchst keine Zweifel zu haben, ich stehe mit nichts und niemandem in Konkurrenz. Deine Aufgabe hier als Bodenpersonal ist sehr wichtig, Tashi braucht deine Fröhlichkeit, deinen Humor, deine Freude und Unterstützung in seiner immerwährenden Neuwerdung! Du bist und bleibst fest verankert in seinem Leben. Egal wer oder was auf seinen weiteren Reisen auf ihn zukommt. Du bist seine beste Freundin! Wir alle sind Aspekte, die mit ihm reisen, um seine Erfüllung und Vollkommenheit zu manifestieren. Du bist sein Anker!"

Dann hält sie ihre berühmte unwiderstehliche Kopfhaltung und ihre Augen blitzen freundlich und bestimmt.

„Danke Pixie, das hast du schön geschildert. Dann bin ich froh, dass ich Tashis Anker bleiben kann. Ich weiß auch um meine Verantwortung, ihm das Leben in schwierigen Momenten fröhlicher und freudvoller zu gestalten. Da es Tashis Aufgabe ist, aus allen konventionellen Rahmen auszubrechen, bin ich diejenige, die ihn bei den unendlich scheinenden Übergängen von einer Welt in die andere bewacht. Sowie die Amsel, die jedes Mal die Portale öffnet, wenn eine erneute Reise ansteht."

Die beiden schauen sich ruhig an, Pixie wartet auf die Bereitschaft von Klara. Sie merkt, dass Klara ihren Widerstand langsam aufgibt, dann fragt Pixie leicht neckisch, den Kopf immer noch leicht schräg haltend:

„Wirst du mich akzeptieren?"

Nun, bei so viel Pfiffigkeit und Charme kann man einfach nicht widerstehen.

Klara lacht herzlich, versucht die Kopfposition von Pixie nachzuahmen. Die ganze Crew lacht jetzt mit, das ist herrlich, wie sich alles so fröhlich ineinanderfügt.

Die Sternenmutter zaubert das schönste Lächeln hervor und begrüßt Pixie vollumfänglich.

Als Einigkeit einkehrt, werden sie von Moldavits herrlichem Licht eingehüllt. Es ist weich und fließend zugleich. Eine fröhliche, sehr kraftvolle Lichtqualität. Beide schauen sich nach Moldavit um, Tashi hat ihn länger nicht mehr gesehen, da der letzte Abschnitt der Reise mit Malachit beendet wurde.

„Ich bin gekommen, um dir meine Ehre auszusprechen. Du bist eine große Seele Tashi. Ich stehe dir jederzeit zur Verfügung und helfe dir, wann immer du mich brauchst. Die Türen sind weit geöffnet, um leicht in meine Schwingung zu kommen. Anruf genügt!"

Moldavit lächelt Tashi an, das berühmte, beinahe etwas verschmitzte Lächeln, das einen sogleich aufmuntert. Sofort denkt er an seine Sternenverwandten aus dem Büchlein, die ihn ebenso angelächelt haben. Seine Schwestern und Brüder, seine Ahnen, die verstreut in diversen Galaxien leben. Es ist die Freude der Gleichheit und der Zusammengehörigkeit.

Er umarmt Moldavit und bedankt sich herzlich für die Reisebegleitung und was er alles lernen durfte. Moldavit lässt sein Licht eine Runde tanzen und besonders hell leuchten.

Das goldene Etui, aus dem Malachit und Moldavit bei ihrer Ankunft geschlüpft sind, lag die ganze Zeit auf der magischen Bank. Und so hat die Bank die Geheimnisse und Geschehnisse mitbekommen und an die Ahnen weitergeleitet. Ein unglaubliches, magisches Netzwerk, das wiederum die Geschehnisse aus vielen verschiedenen Ebenen ineinanderwebt.

Der goldene Deckel öffnet sich leicht und Schwups, begibt sich Moldavit in das Etui, aus dem er und Malachit gekommen sind. Klara lacht über das „Genie in der Flasche" Szene. Jetzt hat sie sogar zwei Wesen, mit denen sie frei flirten kann. Mit Moldavit ist das ein reines Vergnügen und nun scheint auch Pixie ihre ganz eigene Version des Charmes und ihre Art des Flirtens beizutragen.

Klaras Welt ist schwer in Ordnung!

In diesem Moment erscheint auch Ramosh. Die Amsel fliegt direkt auf ihn zu. Man ist erstaunt, außer bei Sandalphon hat sie ihren Baum noch nie verlassen.

Ramosh empfängt die Amsel auf seiner Hand.

Die Amsel ist eine Geliebte aus der Anderswelt. Sie ist ein Engelwesen, das mit der Feenwelt zusammenarbeitet. Deshalb hat sie auch Pixie sofort wiedererkannt. Vor langer, langer linearer Zeit war Ramosh ein Feenkönig. Die Amsel hat ihn wiedererkannt. Er weiß es jetzt auch, die Inschriften auf den Malachitsäulen haben das Geheimnis gelüftet.

Malachit, das Buch der Geschichte des Planeten Erde, hat diese Information zur Verfügung gestellt. Also hat auch er, Ramosh, eine lange Geschichte auf Erden hinter sich!

Die Sternenmutter löst sich aus der Umarmung mit Tashi und steuert auf Ramosh zu. Er umarmt seine Sternenmutter und der starke Mann weint. Es sind leise Tränen, Tränen der Erinnerung, Tränen des Schmerzes, als das Feen-Volk sich zurückziehen musste wegen der Gräueltaten und der nie enden wollenden Kriege der Menschheit.

Er nimmt die Hand seines in sich ruhenden Bruders, seines kleinen großartigen Bruders, der so viel durchgemacht hat auf dieser Reise. Und den linken Arm legt er um seine Mutter, die keine Fragen stellt. Malachit begleitet sie alle zurück zur Bank. Sie sollen sich wiederfinden und ausruhen.

Klara setzt sich zwischen die Brüder. Die Amsel ist auf Ramoshs Schultern geflogen und verweilt dort. Pixie macht es sich wieder gemütlich in Tashis Haarschopf. Die Elementarwesen, also die Amsel, Pixie und Klara, bilden eine unglaubliche Ergänzung und Harmonie. Es ist schon magisch, die drei Wesen zu beobachten. Die Sinnlichkeit und Schönheit, die sie ausstrahlen und durch Malachits Energie sogar noch verstärkt werden.

Die Sternenmutter nimmt das leuchtende goldene Etui auf ihre Knie. Sie klopft ganz leise darauf, um Moldavit zu grüßen. Sie lächelt leise vor sich hin, weil sie wahrgenommen hat, dass Moldavit aus dem Etui geantwortet hat.

Die Brüder sind ganz still, versunken in das Geschehene und das Wiedererkennen. Ein großer Moment des Friedens.

Man hört das Bächlein in der Ferne plätschern, die Vögel fliegen zwitschernd in der anliegenden friedlichen Landschaft umher. Die Blumen und wilden Kräuter versprühen ihren süßen Duft. Tashi betrachtet verträumt seine poetische Landschaft, die so wichtig für ihn geworden ist. Seine Ecke der Geborgenheit, des Austausches aller Wissensebenen und ein Ort der Freude und Sammlung.

Mitten in diesem lauschigen Moment beginnt sich der mächtige Baum ganz leicht zu wiegen. Die Schwinge, die oben im Baum an den Lianen hängt, bewegt sich leicht im Wind. Noch immer ist der leise quietsch Ton der Lianen, die am Ast hin und her rutschen, zu hören. Ein beruhigendes Geräusch. Tashi lächelt, es ist ein vertrautes Geräusch, das an Kindheit, Gemütlichkeit und an ein Zuhause erinnert.

Ramosh ist abwesend, er ist in seinen eigenen Erinnerungen hängengeblieben.

Klara legt ihren Kopf auf seine Knie, um ihn in seiner Melancholie zu begleiten.

Nach geraumer Weile stehen Tashi und die Sternenmutter auf. Er will wieder auf die Schaukel. Er braucht den Wind, der ihm die Haare zerzaust, und will die Freude fühlen, frei zu sein. Das Gefühl von großer innerer Freiheit.

Der Baum neigt sich ihm entgegen, da die Schaukel ziemlich hoch hängt. Malachit und die Sternenmutter helfen ihm, sich sicher darauf zu setzen, denn Tashi will hoch hinauf schaukeln.

Tashi beginnt sich nach vorne und nach hinten zu schwingen. Die Schaukel gehorcht ihm. Sie hat den Wunsch nach der wilden Freiheit gehört und so treibt sie Tashi immer höher hinauf. Der Baum ist beglückt, seinen Tashi wieder lachen und singen zu hören. Er biegt seine Äste und spielt mit seinen noch müden, glanzlosen Haaren. Nur das Singen der Amsel fehlt. Sie bleibt auf den Schultern von Ramosh sitzen, um ihn zu trösten. Er schwebt immer noch in verschiedenen Zeitlinien gleichzeitig. Selbst Klara, die so gerne bei Tashi ist, bleibt bei Ramosh, um ihm bei der Erdung zu helfen. Nur Pixie begleitet ihn, sie lacht und spielt fröhlich mit, indem sie immer von neuen Seiten um ihn herum schwebt während des Schaukelns.

Die Sternenmutter schaut beiden zu, ohne sich einzumischen. Sie ist dankbar über die leichte und fröhliche Natur von Tashi. Es ist ein Geschenk, wie er sich spielend an neue Begebenheiten und Situationen anpassen kann. Beinahe wie Wasser, das sich jederzeit einer gegebenen Form neu anpasst.

Tashi lacht ein helles befreiendes Lachen, das weit durch den großen Baum hallt. Die Blätter flüstern sich die eben erlebte Geschichte von den Brüdern und ihrer Schwester zu.

Für normale Menschenohren hört sich das einfach nur wie Blätterrascheln an.

Tashis fröhliche Lachen ist ansteckend, Ramosh hebt den Kopf und schaut seinem Bruder zu. Malachit winkt Ramosh zu sich. Er steht auf und folgt der Einladung. Er lässt Klara auf den Boden, die sofort zu Tashi geht. Dort versucht sie hinaufzufliegen, um wieder ihren Platz auf dem Baum oben bei der Schaukel einzunehmen. Der Baum hilft ihr und senkt einen Ast, um sie aufzuheben. Tashi guckt sie an und lächelt ihr zu, während sie erneut versucht, ihre Balance zu behalten. Die Lianen quietschen immer noch!

Malachit legt einen Arm um Ramosh und führt ihn ein Stück des Weges.

„Was macht dich so melancholisch Ramosh?"

Es dauert eine Weile, bis er diese Frage beantworten möchte.

„Ich habe vergessen, wie lange ich nicht mehr auf Planet Erde war. Die Wehmut über das Geschehene der vergangenen Zeiten hat mich überrollt. Jetzt weiß ich, weshalb ich nicht mehr hierherkommen wollte. Das Menschenkleid ist überaus limitierend. Man hat die Erinnerung an das grössere Ganze fast total vergessen. Das ist unwürdig in diesen Umständen, Zeit überhaupt irgendwo zu verbringen. Damals, als wir noch mit der Quelle zusammengearbeitet haben, war es gut. Das war eine schöne Zeit, als der Schleier des Vergessens noch nicht zugezogen war. Es ermöglichte einem, zwischen den Welten hin- und herzureisen."

Malachit lässt ihn gewähren und hört ihm still zu. Zwischendurch hört man das Quietschen der Schaukel und Tashis fröhliches Lachen.

„Irgendwie habe ich den Schmerz der Trennung noch nicht überwunden. Der Trennung aus den goldenen alten Zeiten, wo man sich mit Völkern aus anderen planetarischen Systemen ausgetauscht hat. Auf dieser Reise mit Tashi habe ich diese Traurigkeit wieder gespürt.

Der Untergang der Zentralsonne im Bewusstsein der Menschheit war der Untergang der friedliebenden Völker, der Zusammengehörigkeit und des Friedens."

Ramosh schaut Malachit mit seinen tiefgründigen großen braunen, beinahe schwarzen Augen an.

„Du Ramosh warst mit dabei, als ich auf diesen Planeten gebracht wurde. Über Millionen von Jahren habe ich mich mit anderen Mineralien auf Erden vermischt. Und so bin ich zum planetarischen Gedächtnis geworden, das Ereignisse und deren Informationen an ihren Ursprungsort zurückleitet.

Nun wirst du ein Teil von mir mit dir nehmen und in deinem Sternensystem verankern. So werden wir unsere Geschichte über die Gezeiten auch in anderen Existenzen abrufen können. Du Ramosh und ich Malachit haben uns auf eine Bruderschaft eingelassen. Du bist ein großer friedvoller Krieger. Du hast Völker vor ihrem Untergang bewahrt, so dass sie sich auf anderen planetarischen Systemen weiterentwickeln konnten. Nun ist die Zeit gekommen, dich von Pflichten zu befreien, die nicht mehr notwendig sind. Die alten Erinnerungen lasten auf dir, aber sie dürfen aus deinem System gelöscht werden. Du brauchst niemanden mehr zu retten, auch wenn jetzt Planet Erde durch einen mächtigen Paradigma-Wechsel geht. Du wirst immer helfen, aber nicht mehr retten! Auch ich, meine Wesenheit, kann niemanden retten, aber den Menschen viele Dinge bewusst werden lassen, welches sie dann umwandeln und heilen können. Eben, sich neu zu erfinden und sich neu zu gebären. Du bist ein Abenteurer Ramosh, und das ist auch meine Energie! Das passt wunderbar zu unserer Bruderschaft. Wenn du mir erlaubst, löse ich diese alten Ketten, die sich noch in deinen Lungen und an deinen Fußgelenken haften."

Ramosh ist verblüfft. Seine Lungen haben ihm öfters Schmerzen bereitet. Er muss nicht lange überlegen. Er steht vor Malachit hin:
„Sehr gerne nehme ich diese Offerte an. Dieses Miasma möchte ich nicht länger mit mir herumtragen. Ich danke dir für diese Befreiung."
Malachit handelt schnell. Ramosh ist ein kräftiger junger Mann. Er mag eine gute Portion Heillicht vertragen. Ramosh schließt die Augen, um sich ganz der Behandlung hinzugeben. Malachit strömt sein Licht in den Brustraum, um die schwarzen Flecken, die auf der Lunge liegen, zu entfernen. Zur gleichen Zeit wird die unsichtbaren Bande, die sich an seine Fesseln geheftet hat, auch gelöst. Ramosh verspürt einen stechenden Schmerz dort, wo die Programme aufgelöst werden. Aber er will da hindurch. Es dauert auch nicht sehr lange, da bereits viel geschehen ist auf der Reise, ohne dass er es bewusst bemerkt hat. Er war so absorbiert in das Lesen der Inschriften, dass er nur halbwegs konzentriert war. Ramosh beginnt leise den Ur-Ton zu summen, um den Prozess zu beschleunigen.

Wie lange dieses Szenario gedauert hat, wissen wir nicht. Jedenfalls, als die beiden nach geraumer Zeit zur versteinerten Holzbank zurückkehren, liegt Tashi in den Armen der Sternenmutter und schläft tief und fest. Man kann das sanfte Licht des Rosenquarz-Steines, den Rosaline ihm geschenkt hat, leuchten sehen. Er hält den geschliffenen edlen Stein in seinen schlafenden Händen.

Ramosh hat nichts von alledem mitbekommen. Klara begrüßt ihn leise, um Tashi nicht aufzuwecken. Die Sternenmutter streckt ihm die Hand entgegen und auch die Amsel fliegt wieder zu ihm hin.

Ramosh lächelt, er ist wieder der Alte, so wie ihn seine Mutter kennt. Sie ist beglückt und bedankt sich bei Malachit für seine große Hilfe. Malachit verneigt sich vor ihr.

Ramosh setzt sich auf die Bank, umarmt seine Sternenmutter und fährt mit der Hand zärtlich durch die müden, aber immer noch wilden Haare seines kleinen Bruders. Er strahlt große Zufriedenheit und eine große innere Ruhe aus.

Was für eine Reise das war!

Er braucht Zeit, um über alles nachzudenken und es zu verarbeiten.

Moldavit öffnet sanft den Deckel des goldenen Etuis, er würde gerne den Abend mit ihnen allen verbringen. Die Sternenmutter öffnet den Deckel, damit er sich ausdehnen kann. Klara ist ganz aufgeregt, zeigt sie doch gerne ihre spezielle Vorliebe für den lächelnden freundlichen Moldavit.

Er berührt ihre Federn und sie flirtet wie ein Profi mit ihm.

Malachit und Moldavit tun sich zusammen und beide dehnen ihre unterschiedlichen grünen Lichtfrequenzen weit aus. Es hüllt alles ein, die friedliche Ahnen-Bank, den großen herrlichen magischen Baum, die ganze Landschaft, die sie umgibt. Ein gedämpftes, aufbauendes Licht, eine Symphonie des Friedens.

Auch Rosalines Kristallgläser stehen an einem sicheren Ort. Das klare Wasser glitzert von den Sonnenstrahlen, die neugierig durch die Äste des weisen Baumes gucken. Die Rosenquarzsteine, die Rosaline in die Kristallgläser gelegt hat, sind immer noch voller Kraft, denn das Rosenquarzwasser wird fleißig benutzt.

Die zarte Musik der raschelnden Blätter des mächtigen Baumes hüten weitere tiefgründige Geheimnisse.

Das große Auf-Bäumen

In diese Stille hört man den Baum, wie er sich plötzlich zu regen beginnt. Leise nur.
Der Lebensbaum ruft den Wald der inneren und äußeren Welten zusammen. Während seine Schützlinge sich ausruhen, möchte er ein winzig bisschen von seiner Weisheit weiterleiten.
Er ruft den Baumgeistern zu:
„Hallo ihr alten Meister-Bäume! Könnt ihr mich hören?"

Er lässt mächtige energetische Wellen, die von Musik begleitet werden, starke geistige Energie, die sich mit ungeheuerlicher Geschwindigkeit verteilt, überall hinströmen. Aus seiner Krone strahlen die ausgeströmten Informationen in das weite All und werden von alten Meisterbäumen überall aufgenommen. Auch durch die Wurzeln, die sogenannte Leitzentrale, wird das elektrische Netzwerk im Turbotempo aktiviert und sofort über lange Distanzen weitergeleitet.
Es ist ein wahres Spektakel, aus luftigen Höhen zuzusehen, wie die Baumkronen im Winde wehen, sich berühren und so die Informationen weiterleiten. So als würden Menschen ihre Köpfe zusammenstecken, um etwas auszuhecken. Jede Baumkrone scheint ihre eigene Farbe auszustrahlen. Ein Meer aus Baumkronen, die sich beraten.

Das Echo der angesprochenen Meisterbäume, ein mächtiges Rauschen, kommt aus großen Distanzen zurück:
„Ja sprich, wir haben dich vernommen, großer weiser Lebensbaum. Was ist es, was du zu erzählen hast?"

Der Weltenbaum freut sich über das Echo und spricht:
„Freunde, ein großer Zyklus ist zu einem Ende gekommen. Tashi und viele seiner Monade haben einen neuen Kreislauf begonnen. Bis tief hinein in den Erdkern erneuert sich das Bewusstsein. Unsere versteinerten Urahnen erwachen zu neuem Leben! Seid ihr bereit ihnen zu helfen?"

Die Stimme der edlen Geschöpfe echot wieder durch die Kronen aller Bäume sowie das Wurzelwerk, das tief in die Erde reicht, Länder und Kontinente miteinander verbindet.

„Wenn wir ihnen gemeinsam helfen, werden die Menschen unsere Hilfe annehmen wollen Meister? Wollen sie denn aufwachen?"

Der große Weltenbaum lächelt leise.

„Nun, meine Freunde, die Zeit ist reif für das große Erwachen. Zeit für mehr Frieden, Wahrheit und Freiheit, die den Menschen geraubt wurden. Neue Werte, ein neues Gleichgewicht müssen auf Erden erarbeitet werden. Ein neuer intergalaktischer Austausch muss wieder ermöglicht werden, so wie es bereits in der Vergangenheit geschah. Die alten trägen Riesen wollen das vielleicht nicht, aber sie werden ihre gut gehüteten Geheimnisse und Mysterien befreien müssen. Denn dieses Wissen muss zurück an die Oberfläche des Planeten Erde. Die Zeit der eisernen Ketten nähert sich ihrem Ende entgegen. Diese Geheimnisse müssen den Menschenkindern zur Verfügung gestellt werden. Sie haben ein Anrecht zu wissen, wie sich die Reise zur Erde wirklich zugetragen hat. Die Menschenkinder müssen wissen, dass auch sie überall Sternenverwandte haben. Gaia ist bei weitem nicht der einzig bewohnte Planet! Übrigens auch wir Bäume sind Verwandte der Menschen! Wenn sie uns und unser Wissen von der Erde ausstoßen, werden auch die Menschen ausgerottet! Die wahren originalen Seelen, die sich als Menschenwesen verkleiden, brauchen unsere Unterstützung!"

Der Weltenbaum hat mit machtvoller Stimme gesprochen und seine Ansicht erläutert.

Die Zuhörer, also die kollektive Baumseele auf dem ganzen Planeten und darüber hinaus in den angrenzenden Galaxien, beraten sich. Sie murmeln unverständliches Zeug, das nur Baumseelen und ihre mächtigen Devas verstehen. Man lässt sich Zeit und wägt das Für und Wider ab. Hin und her geht's, während der große Baum Tashi und seiner Familie frische Luft zufächelt.

Devas = Hüter und Wächter der Naturreiche

Er hat Geduld, viel Geduld. Auch etwas, das die Menschen dringend nötig hätten. Er beobachtet Tashi, seinen starken Bruder Ramosh und die schöne elegante Sternenmutter, die er andächtig beschützt.

Die Menschen könnten wunderbare Einsichten und Einblicke in andere Welten erleben, wenn sie doch nur mehr Respekt hätten für die Schönheit und die Magie des Waldgeistes oder wenigstens ihres persönlichen Baumes.

Der Mensch ist im Baum und der Baum als lebensspendende Kraft im Menschen. Die Menschen werden gewissen Baumwesen zugeordnet, wenn sie geboren werden. Sowie sie einem Sonnenzeichen, ihrem persönlichen Sternzeichen zugeordnet werden, so wird gleichermaßen jede Seele von ihrem Beschützer- und Hüter-Baum begleitet! Jeder Baum hütet sein eigenes Geheimnis, das er seinem Menschen gerne mitteilen würde, so dieser es auch hören möchte.

Nicht nur hüten die Bäume das Geheimnis und die Kraft des Lebens, sie vermitteln spezifische Essenzen, die sie mit ihrem Menschen verbinden, spezielle Gaben, die dem Menschen in seiner Entwicklung helfen könnten.

Aber die Menschen haben aufgehört, hinzuhören!

Jetzt muss sogar der Baum seufzen, wie Tashi es üblicherweise tut.
Laut denkt er:
„Wenn doch nur alle Menschwesen schon wieder so weit wären, dann könnte sich das Paradies auf Erden prächtig entfalten!"

Er lässt den Bäumen Zeit für den Austausch und ihre Vorschläge und wartet auf eine Entscheidung.

Nach langer Zeit der Beratung schallen die Stimmen der Bäume von allen Seiten zurück zum Weltenbaum.

„Wenn wir unser Wissen freisetzen, darf es nicht mehr geschehen, dass sich die Geschichte des Apfels wiederholt! Das ist unser Kriterium!"

Stille.

Der Weltenbaum antwortet vorerst nicht.

Jaja, diese leidige Geschichte! Für was doch diese Frucht schon alles herhalten musste. Weder die böse Stiefmutter von Aschenputtel noch Göttin Venus konnten nicht ohne Apfel. Wer spricht denn überhaupt von einem Apfel?

Am Anfang war es eine Frucht ... eine goldene dazu!

Oder war das nur als Symbol übergreifender, ineinander webender Lebenszyklen gedacht?

Zusammen bespricht man jetzt die Situation und wie man am besten Vorgehen sollte.

„Das Weibliche, das Gebärende, die Göttin, sie muss wieder auferstehen. Die Jahrtausende alte Last der Schuld, die ihr aufgebürdet wurde, soll Gerechtigkeit finden!"

Die Bäume haben laut und fast in einem befehlerischen Ton gesprochen. Es liegt sehr viel Kraft in ihren Stimmen.

Eine Bäumin spricht weiter.

„Die Frau gebärt ihre Kinder, sie erschafft neues Leben. Sie zerstört, sie baut auf. Das weibliche Element hat ihre Schöpferkraft, ihre Macht und ihre Schönheit vergessen. Sie wurde ihrer Grazie und Gerechtigkeit beraubt. Ihre magischen und heilenden Fähigkeiten wurden gefürchtet und deshalb unterdrückt. Dies bezieht sich auf das Prinzip, auf das Wesen des femininen Geistes. Dieser schöpferische erschaffende Geist wohnt nicht nur in allen Menschen, es beseelt auch uns, die Bäume, die Mineralien, die Tiere, einfach alles, das lebt.

Shekina, das Prinzip, das in allen lebendigen Dingen wohnt! Die Ur-Mutter Göttin in ihrer großen, gebärenden und zerstörerischen Kraft bäumt sich auf. Und wie sie sich aufbäumt in ihrem unterdrückten Schmerz, im Leiden, welches man ihr zugeführt hat! Unsere Ahnen bringen sie machtvoll zurück, dorthin, wo sie hingehört! In einen ganz neuen Zyklus des Erwachens und der Neuwerdung.

Sie wird sich durch die Menschen zeigen, die ihr zuhören, sie wird sich ihre Seelenanteile zurückholen, die verloren, zerstreut und einsam auf die Fülle ihrer Macht warten. Das Weibliche sucht sich seine neue Identität, sie sucht ihren starken männlichen Anteil wieder, den sie nicht leben durfte. Sie wird Neues erschaffen und gebären, wie sie es gewohnt ist. Sie wird erwachen, diese Kraft, und es wird nicht angenehm sein! Die Menschheit wird sich wundern und sich winden, wenn die Göttin ihre Geheimnisse und Mysterien preisgibt. Man wird sich mit ihrer Wut auseinandersetzen müssen, um diese zerstörerische und gleichzeitig heilsame Kraft auszuhalten!"

Die Bäumin hat mit enormer Kraft gesprochen, Traurigkeit und Wut sind gleichermaßen aus ihrer Stimme zu hören. Sie streckt sich und beginnt ein Klagelied, das weithin zu hören ist. Die Bäume schließen sich an, beginnen mit ihren Blättern zu rascheln und ein Sturm entfacht sich.

Es ist ein Klagelied der Ur-Mutter Göttin über ihre Kinder, die ihren Weg nach Hause verloren haben. Kinder der dunklen Kräfte, die nicht mehr an ihr Licht glauben. Ihre Kinder, die sich schuldig fühlen, weil man ihnen verboten hat, ihre Weisheit und ihre Integrität zu leben. Kinder des Lichtes, die von den dunklen Schatten verführt wurden und sich in diesen manipulativen Schatten verloren haben.

Es ist das Klagelied einer Über-Mutter, die ihre geistig umnachteten Kinder nach Hause ruft und ihnen den Weg freischaufelt, um sich aufzurichten und mutig ihre Ur-Schöpfermutter im eigenen Wesenskern wiedererkennen können!

Als eine einzige gewaltige Stimme rufen die Bäume im Einklang aus:

„Es ist der Tag gekommen, die Abwärtsspirale der Zeit zu wenden, die Vergangenheit, die Präsenz und die Zukunft zu erlösen und das kollektive, geistige Licht in das neue Bewusstsein zu bringen. In diesem Nullpunkt wartet die Erinnerung, um wachgeküsst zu werden! Dort warten die Geheimnisse, um erneut gelebt und zelebriert zu werden.

Dort wartet die Kraft der Ur-Schöpferin, um ihren Segen und ihre Fülle über alle, die sie wiedererkennen und lieben, zu verteilen. Das weibliche Prinzip repräsentiert und verkörpert die universelle Liebe, die in allen lebendigen Dingen gegenwärtig ist. Das Licht, die Ergänzung wird vom männlichen Ursprung getragen. Diese beiden müssen sich erneut finden und zusammenraufen, um aus ihrer Dunkelheit herauszufinden. Die Machenschaften des Matriarchats wie des Patriarchats müssen ihre Wunden und Verletzungen lecken, um heil und ganz zu werden. Die auferstehende Göttin ist die neue Ganzheit beider ursprünglicher Bewusstseinseinheiten. Sie ist die neue Melodie, die Leben und einen neuen Zyklus erschafft, im Menschen, auf Erden sowie in dieser Galaxie und darüber hinaus."

Die dröhnenden Stimmen der Bäume sind in den umliegenden Galaxien gehört worden. Es ist erschreckend, wenn einem die Dinge, die man seit Jahrtausenden für tot geglaubt hat, plötzlich einholen. Die Galaxie erwacht und ein Dröhnen, Ächzen und großer Widerspruch sind zu hören.

Einige Planetensysteme erklären sich bereit, Mutter Erde und den Menschen zu Hilfe zu eilen, um die heftigen Geburtsstunden zu unterstützen. Wenn ein neues Bewusstsein erwacht, wird am kosmischen Käfig gerüttelt und alles beginnt auseinanderzufallen.

Das täuscht zwar, weil, wenn alles auseinanderfällt, es sich neu ordnen lässt! Das ist wichtig zu erkennen. Natürlich ist der Zerfall grässlich und keiner möchte das erleben. Aber irgendwie ist jeder da hineingerutscht in diesen Zerfall und die Menschheit ist gerade an der Schwelle, es wieder zu tun!

Die Zyklen wiederholen sich, die Spirale öffnet oder schließt sich, je nachdem, wie man der Stimme des Rufes der neu auferstandenen Göttin begegnet. Man muss sich selber erkennen, sich selbst folgen und sich nicht von der verführerischen Stimme der Menge verwirren und manipulieren lassen.

Aber wer will schon selbst Verantwortung übernehmen?

Wer hat schon Mut, seinem eigenen Licht, der eigenen Stimme der Wahrheit zu folgen?

Wer wird dem heilsamen Ruf der Ur-Mutter Göttin folgen?

Die Zeiten sind ungewiss, man muss die Komfortzone hinter sich lassen.

Das ist eine große Herausforderung im Kampf der Polaritäten.

Ein Baumdevas spricht für alle Devas.

„Das Wesen des Menschen ist von anderen Galaxien in dieses Sonnensystem und auf diese Erde gebracht worden. Die Mächte wollten sie beobachten und zusehen, wie sie sich entwickeln. Das war zeitweilig sehr unterhaltsam, allerdings haben die Menschen nicht viel dazugelernt, sie spielen auch nach tausenden von Jahren immer noch wie unreife Kinder, die sich gegenseitig schlagen. Unsere Lichten-Wesen haben sich immer wieder auf Erden niedergelassen, um ihnen zu helfen. Das hat nur schlecht funktioniert, weil die geistige Amnesie kaum zu durchbrechen war.

Die Ahnen haben den Kontakt zu ihrer entsprechenden Urheimat aus anderen Sternensystemen aufrechterhalten.

Man wollte die Lichtmenschen und ihr Wissen, ihre Weisheit, ausrotten. Das gelang beinahe. Nur noch wenige Urvölker leben auf Erden, ihre Stimmen werden und wollen nicht gehört werden. Deshalb sind wir zurückgekehrt, um den Verstummten wieder eine Stimme zu schenken, damit ihre Kraft zurückkehrt. Die Göttin selbst wird die wenigen zu sich holen und mit ihnen einen Feldzug des geistigen Erwachens aktivieren!"

Kaum ist die Stimme verstummt, ist ein großes Aufheulen der Bäume zu hören, sie unterstützen die Bäumin, die für sie alle gesprochen hat. Das Heulen hört sich an wie ein großer Sturm, der gewaltig über den Planeten fegt und in den angrenzenden Galaxien klar vernehmbar ist. Dieser Sturm zerbricht alte Strukturen und bringt gewaltige Erneuerungen.

Nur der große weise Baum, der seine Schützlinge bewacht, bleibt relativ ruhig. Ramosh steht auf, er hat alles mitgehört und verstanden. Er geht zum Baum, umarmt ihn, lehnt sich an den mächtigen Stamm und verbindet sich mit der Energie des Urriesen.

„Ich werde das Meinige dazu beitragen, um euch zu helfen. Was wären wir denn ohne eure Weisheit? Mit der Hilfe der Edelsteinahnen und der Unterstützung der Urahnen anderer Zivilisationen, die schon lange vor unserer Zeit auf Erden wandelten. Mit ihrem Wissensspeicher haben wir eine Chance, die Mysterien aufzuwecken und erneut ans Licht zu bringen. Die Natur ist beseelte Materie, nur das Beseelte und vom Geist Durchdrungene ist Zeuge der Schöpfungsgeschichte. So wie es wirklich war ... hmmm."

Nachdenklich schweigt Ramosh und kratzt sich am Kinn. Denn so richtig weiß niemand, wie es am Anfang aller Anfänge, den es nicht gibt, war.

Malachit gesellt sich zu Ramosh.

„Es ist besser nicht alles zu wissen. Wenn der Anfang aller Anfänge klar wäre, würde darauf das Ende aller Enden folgen. Das wäre dann die Endlichkeit der Unendlichkeit und das Leben würde sich nicht weiter ausdehnen und sich selbst erforschen können. Dann wäre der Kreislauf des Lebens kein Kreislauf mehr!"

Ramosh schaut Malachit verwundert an, sagt aber nichts mehr zu dieser Äußerung. Die beiden verweilen schweigend unter dem Baum und Malachit verströmt seine herrlichsten Grün-Variierungen. Malachit wird in Zukunft immer wieder an Ramoshs Seite zu finden sein.

Leise spricht er zu Ramosh.

„Ramosh, mein schöner Krieger. Ich, mein Wesen, bin durch unser Ritual neu in dir erwacht. Einige meiner basisch chemischen Anteile sind in deiner DNS gespeichert. Mein Wissen und die Informationskraft, meine Geschichte, die weit über dieses Sternensystem hinausgehen, werden neu mit dir kommunizieren. Es wird dich mit den Kraftlinien der Erde und den intergalaktischen Räumen verbinden. Das, was du einmal warst, wird neu in dir erwachen!

Ein abenteuerlicher Zyklus beginnt bald für dich. Du bist jetzt bei der Flotte aufgenommen worden und arbeitest für Alcyone, das sich bereits weiterentwickelt und weiter ausdehnt. Diese Informationen wirst du in Mutter Erde verankern und noch viel öfters unterwegs sein, als du es bis anhin warst. Wir arbeiten alle gemeinsam am gleichen Projekt:

Der Wiederauferstehung der Göttin, der Schöpferkraft, die tief in geheimen Gängen der Pyramiden und der Innererde ruht. Das Wissen wird neu aktiviert und die Menschheit und ihre umliegenden Trabanten sehr verändern! Wir nehmen dich hiermit in unseren Malachit-Wissenskreis auf. Du hast uns dermaleinst hierhergebracht, auf diesen Planeten. Jetzt bringen wir dich zurück zum Ursprung deines eigenen Wissens. Ein ganzes System gebärt sich in einen neuen Zyklus. Das sollten wir feiern, nicht?"

Malachit schaut Ramosh erwartungsvoll in die Augen. Der ist total überwältigt in den Kreis der Malachite aufgenommen zu werden. Er darf die Früchte seiner Taten, die er vor langer, langer Zeit gesät hat, zu diesem jetzigen Zeitpunkt ernten! Ramosh ist sich noch nicht ganz im Klaren, wie seine baldige Arbeit aussehen soll. Es sind nur noch nebulöse Erinnerungen, die durch die Symbole, welche er auf den Malachitsäulen gelesen hat, leicht aufgeweckt wurden.

Laut antwortet er:

„Ich vertraue dir Malachit. Es scheint mir alles sehr vertraut und dennoch kann ich das Konzept noch nicht ganz erfassen. Du wirst mich gebührlich in meine Arbeit einweihen!"

Er berührt vertraulich Malachits Schultern. Die beiden vermitteln jetzt schon ein Bild großer Freundschaft und Vertrautheit.

Die Amsel, die still zugehört hat, zupft zärtlich am Ohr, um Ramosh aufzuheitern und ihn in die Gegenwart zu bringen. Er lächelt, hält ihr die Hand hin, damit sie auf seine Hand hüpfen kann. Er flüstert ihr ein paar zärtliche Worte in Sternensprache zu und streichelt sie behutsam mit seinen starken und schön geformten Händen, Erbgut seiner schönen Sternenmutter. Ein tiefer Austausch alten Wissens findet in diesen Gesten statt. Die Amsel zwitschert eine herrliche Melodie als Dankeschön und dann fliegt sie zurück in das Geäst ihres Baumes.

Der gewaltige Sturm ist immer noch klar vernehmbar, nur an Tashis Kraftort herrschen Frieden und Ruhe.

Um die Spannung zu lösen, hat sich Moldavit mächtig, aber sehr gemütlich weit über die ganze Landschaft ausgedehnt. Moldavits Energie macht wieder fröhlich, zentriert und erhellt die Stimmung.

Trance Tanz

Klara ist von der Bank runtergehüpft und beginnt mit Moldavit zu tanzen. Auch die Sternenmutter tanzt mit, sie tanzt unsichtbare Formationen und ihre Bewegungen folgen einer bestimmten Ordnung, die an eine Kodierung der Ahnen erinnert. Sie tanzt sich in Trance, um mit ihrer Sternenheimat und ihren eigenen Ahnen, uralten Völker und Stämmen Kontakt aufzunehmen. Ihr zuzuschauen ist reine Magie, ihr Tanzen erzählt die Geschichten der Sternenkonstellationen und von ihren Weisheiten. Ihr Körper wird zum Kanal für die Göttin, um sich in ihrer ganzen Pracht, Fülle und Symbolik auszudrücken.

Der große weise Baum schaut ihr gebannt zu, die Amsel hat aufgehört zu zwitschern, um sich ganz diesem Gebet des Tanzes hinzugeben. Tashi ist aufgewacht, weil er die Intensität der Gefühle seiner schönen Sternenmutter gefühlt hat. Auch er genießt die Geschichte, die sie durch ihren Körper erzählt. Er versteht es intuitiv und gefühlsmäßig. Sie verbindet sich mit den Kräften von Alcyone, der galaktischen Sonne.

Macht, Magie und Zauber strömen aus jeder ihrer Poren. Sie glänzt wie das Licht selbst, das aus ihr strömt. Sie repräsentiert reine Verzückung.

Moldavit hüllt sie in sein Licht ein, er strömt alle seine Liebe in dieses heilige Feld der Vereinigung.

Tashi ist bezaubert und so dankbar für diese machtvollen Momente, in denen er seine Batterien und seine Seele immer wieder auftanken kann.

Während Ramosh und Malachit zurück zur Ahnenbank schlendern, hört man wieder eine Stimme. Sie scheint überall herzukommen und ist reine Schwingung. Statt Worte kann man lange, fein aufeinander abgestimmte Wellenbewegungen sehen.

„Meine Urvölker, meine Kinder, die Zeugen meiner Macht und Schönheit sind, wurden gezwungen, ihren Freiheitssinn, die ihnen innewohnenden Kräfte zu verleugnen. Es wurde ihnen verboten, mit mir, der Schöpferkraft und meiner Magie, als Einheit zu leben. Ich, die Mutter der Schöpfung, der Natur, erwache aus den tiefsten Tiefen meiner Gefangenschaft.

Der Schmerz dieser gewaltigen Unterdrückung meiner Menschenkinder wird überall zu hören sein. Er ist tief in der Erde zu hören, mein Schmerz, meine Tränen, die ich über meine verlorenen, wissenden gefangenen Menschenkinder weine. Das Schluchzen der gequälten und leidenden Menschenseelen, die frei waren, zu handeln, kreativ zu denken und mit mir eine Einheit waren. Dieser Schmerz rollt über Mutter Erde, weil Erinnerungen vergangener Qualen erlöst werden. Die Menschen müssen sich mit ihr auseinandersetzen und ihre Ursprungkraft wieder fühlen lernen!

Das ist das Erwachen, das über Mutter Erde rollt. Gaia ist mein Paradies, aus dem man meine Kinder in die Isolation der Einsamkeit hinausgeworfen hat! Mein Aufschrei ist laut und machtvoll!

Ich bin die auferstehende Göttin, ich erobere mir meinen angemessenen Raum zurück! Ein neues Gleichgewicht der Polaritäten wird entstehen, indem sich meine geliebten Seelenkinder selbstbestimmt ausdrücken können. Ihren wiedergefundenen Glanz werden sie stolz ausstrahlen und sich mit mir vereinen. Sie werden ihre Liebhaberin, ihren Liebhaber, die Muse in sich selbst wieder fühlen und leben! Dann endlich findet das lange Sehnen nach dem anderen ein Ende. Der ‚andere', der nie irgendwo anders war als in ihnen selbst! Aber sie haben es vergessen. Ich, Göttin Shekina, lüfte den Schleier der Illusion und öffne die Pfade für alle diejenigen, die zu mir, zurück in ihr eigenes Paradies kehren wollen. Das Paradies ist kein Ort, es ist das wiedergefundene

Selbst! Mein Geist, mein Shekina Universum, meine Macht, die ich in euch bin! Das seid ihr, das bin ich!"

Alle haben dieser außerordentlich intensiven Stimme zugehört. Die Bäume rauschen ihre Geschichte hinaus in den weiten Raum. Selbst das Tanzen der Sternenmutter hat aufgehört. Hat sie vielleicht die Göttin durch ihren Tribal-Tanz heraufbeschworen? Oder hat sie es durch den Tanz sogar manifestiert? Die Sternenmutter steht wie eine Statue, die Augen geschlossen, die Arme weit nach oben gestreckt, als müsste sie sich in die Unendlichkeit ausdehnen. Die Atmosphäre ist so heilig, dass Tashi, Ramosh und Klara kaum zu atmen wagen. Pixie verhält sich absolut lautlos und schaut dem Geschehen erstaunt zu. Endlich beginnen sich die höheren Welten und die Unterwelten zu vereinen!

Sie, Pixie als Lichtelfe, als Ätherwesen, reist seit Gedenken zwischen den Welten auf und ab, durchströmt mit ihrer Ursubstanz das Königreich der Schöpfung. Nun ist sie mit Tashi in die dichte Welt der Formation gereist, um auch hier den Plan des neuen Zyklus zu gestalten helfen!

Ein leises Lächeln erhellt ihr Gesicht. Sie und ihre Art-Verwandten helfen bei der Umgestaltung von Gaia! Deshalb hat sie sich also für Tashi entschieden. Jetzt hat auch sie mehr Klarheit gewonnen über diese wichtige Frage und ihre Entscheidung, die Meister Hermes Trismegistos an sie gerichtet hat.

Mit neuer Erkenntnis schaut Pixie weiter dem Tanz der Sternenmutter zu. Niemand will die Sternenmutter in ihrer Zeremonie stören.

Der Weltenbaum raschelt ganz sanft, damit er mit den anderen Bäumen mithalten kann, wieder hat die Amsel aufgehört zu singen, während die Stimme gesprochen hat.

Moldavit zieht sein Licht zurück, um der Sternenmutter ihren Raum zu lassen. Tashi ruft telepathisch nach ihm und so begibt er sich zur Ahnenbank, wo auch Klara auf ihn wartet. Moldavit macht es sich bequem neben Tashi.

Die Sternenmutter bleibt in ihrer Trance, Malachit und Ramosh setzen sich ebenfalls zu den Anwesenden auf die Bank.

Moldavit flüstert leise und zwinkert Klara zu, die ein wenig errötet. Bei ihren herrlichen weißen, leicht silbrig schimmernden Federn sieht man das sofort. Die beiden Brüder lächeln verschmitzt, aber erwidern nichts dazu.

Moldavit nickt mit dem Kopf:
„Darf ich auch noch was sagen!"
Alle schauen ihn an. Wie kann er nur fragen?
Leise, um die Ruhe nicht zu stören, spricht er:

„Unser Kristall-Wissen führt zurück in das Urkristall der Schöpfung. Wir führen die Wesen, die sich für uns öffnen, in ihre eigene kristalline Struktur. Weißt du noch Tashi, als der Regenbogen dir gesagt hast, du würdest dein diamantenes Licht erst auf Erden wiedererkennen?"

„Ja, ich war so verärgert und frustriert, dass ich deshalb nochmal in ein Menschenkleid zurückmuss! Das hielt ich nicht für nötig. Aber jetzt erkenne ich die Weisheit hinter dem Geschehen. Den größeren Plan erkennt man erst, wenn man wieder mal eine Hürde überwunden hat. Puhh, ist manchmal schon eine anstrengende Reise, echt!"

„Aber jetzt hast du gelernt, selbst in deinem limitierten einengenden Erdenkleid die Dinge aus einer übergeordneten Perspektive zu fühlen und zu erleben. Selbst in dieser Struktur bist du über dich hinausgewachsen und hast viele verschiedene Realitäten miteinander vereint. Das unlimitierte volle Potential deines Geistes, deiner Kräfte und Intelligenzformen sind jetzt in Fülle wissentlich zu deiner Benutzung verfügbar! Du hast sozusagen in deiner Limitation deine wahre Freiheit entfesselt! Wir gratulieren dir zu deinem Mut, immer wieder an deine Grenzen zu gehen und sie dann zu sprengen!"

Moldavit lächelt Tashi voller Stolz an. So wie Malachit Ramosh begleiten wird, so wird Moldavit immer wieder mit Tashi zusammenkommen, um ihn an seinen unerschöpflichen Reichtum aus allen Wirklichkeiten und Realitäten zu erinnern.

Stolz umarmt Ramosh seinen Bruder.

Alle beobachten ihre Sternenmutter, die wie erstarrt immer noch in Trance verharrt. Ein Bild für die Götter! Ihre Strahlkraft scheint sich immer weiter auszudehnen. Ihre ätherische Schönheit kommt damit voll zur Geltung.

„He, ihr Träumer, so wie eure schöne Mutter zu strahlen beginnt, so können auch die Menschen wieder in ihren Urschöpferlichtstrahl oder die Ur-Seele zurückkehren. Sag das deinen Menschen Tashi, sie müssen es wissen, damit sie ihre Chancen erkennen können. Das ist das Geburtsrecht einer jeden Schöpfung!"

Tashi winkt mit der Hand.

„Ich tue mein Bestes, falls die Menschen es überhaupt erkennen wollen. Aber ich werde mich nicht mehr aufopfern und zum Gespött machen. Tut mir leid Moldavit. Diese Nummer ist vorbei für mich! Ich möchte zur Abwechslung auch mal ein besseres Menschenleben haben!"

Niemand antwortet, Frust und Schmerz, von denen die Göttin gerade gesprochen hat, ist aus seiner Stimme zu hören. Eine leichte Anklage ist nicht zu überhören.

Langsam kehrt die Sternenmutter aus ihrer Ekstase, sie schwebt förmlich zu ihren Söhnen. Sie hat gehört, was Tashi gesagt hat.

Sie setzt sich auf die große Bank und schweigt, noch immer ganz in ihrer Welt.

Abwesend nimmt sie Tashis Hände in die ihren. Ihr Blick ist immer noch verschleiert und nach innen gerichtet.

„Du bist nicht für andere verantwortlich, du brauchst die Menschen weder für eine bestimmte Sache zu gewinnen noch von deinen Ansichten zu überzeugen. Jeder ist für sein eigenes Seelenwachstum und Reifeprozesse verantwortlich. Bleibe in deinem Sein, bleibe dir selber treu, sei der Diamant, der du bist, und vergleiche dich nicht. Konzentriere dich auf deine inneren

Werte und deine Wahrheit. Darin liegt das ganze Geheimnis! Sei, was du bist!!"

Sie hat ruhig, etwas geistesabwesend und monoton gesprochen. Tashi schaut seine schöne Mutter an, ihre Augen immer noch in der Distanz des Erlebten fixiert. Es herrscht Stille. Dankbar lehnt er sich an sie und drückt ihre Hand und flüstert leise „Danke". Er will sie nicht stören. Sie hat wie immer mit wenigen Worten den wunden Punkt getroffen.

Urplötzlich schwebt ein großes Licht über der ganzen Landschaft. Wie eine unsichtbare Welle kam es angerollt. Das Licht strömt über den großen Baum, der sanft zu zittern beginnt, die Büsche rundherum, die das Zittern aufnehmen, das Gras, das diese Melodie vernimmt und sich nach dieser ausrichtet. Die Natur, das Urlicht, die Wissensspeicher der Gezeiten surren seltsam und hinterlassen eine letzte Botschaft, bevor sie so schnell verschwinden, wie sie erschienen.

In großem Schweigen, müde, aber wachsam, beobachten sie alle, was jetzt schon wieder passieren soll.
Man lässt das Licht walten und die Welle über sich rollen.
Das Licht spricht:
„Wir sind die Licht-Mächte, die Boten, die am Anfang einer neuen Zeit und am Ende eines Zyklus, welcher Äonen dauern kann, Welten besuchen, um den Kampf der polaren Mächte zu beenden. Die Geschichte der Menschheit, wie sie jetzt ist, wird enden. Nachdem die geknickte, verkümmerte geistige Membrane gründlich gereinigt wurde, wird ein neues Kollektiv entstehen. Ein Feld von lichtem, erhelltem Bewusstsein wird in ein noch größeres Lichtfeld eintreten. Die eingefrorenen Lichtqualitäten unserer Kristall-Brüder entlang den Meridianen tief in der Erde, werden ihr Lied erneuern und die Melodie der Lichtkodierungen zu neuem Leben erwecken.
Innewohnende schlafende und unterdrückte Lichtkristalle des Menschen werden aufgeweckt, aktiviert und erzeugen ein neues

elektrisches Lichtfeld. Dies wiederum erzeugt eine erweiterte, kollektive Lichtintelligenz der menschlichen Spezies.

Dies ist die Auferstehung der Weltenseele, die sich in ihre neue kristalline Struktur ausdehnt.

Ein Stöhnen wird das alte Erdenbewusstsein ergreifen. Wellen der Veränderungen, der Erlösung der Knechtschaft dunkler Mächte erfassen die niederen Welten. Die sanften Lichtmenschen werden zu ihren Sternenfamilien zurückkehren. Sie werden keine Resonanz mehr finden auf dem zerstörten Planeten Erde."

Stille.

Das Rauschen der Bäume hat sich zu einem brausenden Sturm entwickelt. Sie bekunden ihre große Freude über das Gehörte. Freudig rufen sie aus:

„Dann darf also die Agape wieder aus sich heraus wirken, ohne in diesem Zeit-Raum-Gefüge zerstört zu werden! So werden die lichten Seelen ihren Weg aus dieser limitierten Bewusstseinsebene finden und in eine höhere galaktische Zentralsonne einsteigen! Wir Bäume werden den Weg mit ihnen gehen, zusammen in das Feld der gereinigten unbegrenzten neuen Möglichkeiten!"

Agape = Bedingungslose Liebe/Heiliger Geist/Geist Gottes/Gnade

Die Bäume rauschen mächtig, singen ihr Lied der Freude, klatschen und rufen sich gegenseitig aufmunternde Laute zu. Es ist ein großes Freudenfest, das weiterum im Universum empfangen wird.

Während des Freudenfestes hat sich die Lichtwelle zurückgezogen und wieder aufgelöst. Einfach so, wie eine Welle, die ans Ufer klatscht und zurück ins Meer fließt!

Tashi und seine Familie, Ramosh und die Sternenmutter schauen sich an, freuen sich mit den mächtigen Baumseelen. Leise reden sie miteinander. Es ist immer wieder dieselbe Botschaft aus den verschiedensten Ebenen. Das Sterben und Erneuern. Das

Wiederfinden der Urmatrix, das Erkennen, die Weisheit, die hinter allem Geschehen wirkt. Ein ohrenbetäubender fulminanter Crash, der ganz Neues hervorbringen wird.

Im Gespräch wiederholt man die Ereignisse dieser außergewöhnlichen Reise mit Malachit und Moldavit. Die Kräfte dieser beiden edlen Wesen sind von enormer Wirkkraft und haben so vieles aufgelöst, aber auch ausgelöst, und dies will auf alle Fälle weiterverfolgt und ausgekundschaftet werden.

„Unsere Reise ist die Reise zurück zum Baum des Lebens. Wir lernen neu zu denken, wir lernen uns neu auszudrücken und zu entfalten. Wir lernen wieder frei zu sein!"
Ramosh hat mehr zu sich selbst als zu den anderen geflüstert. Er ist tief versunken in Gedanken. Das, was die Bäume gesprochen haben, seine wiedergefundene Amsel, das Spüren der lichten Einheit, in der alle Dinge eins sind. Das Wiedersehen mit Anaisha und ihrem neugeborenen Lichtkind. All das verschmilzt in Ramoshs Gedanken.

Tashi schaut seinen Bruder an, ähnliche Gedanken strömen durch ihn selbst, sie sind sich im geistigen Bewusstsein nähergekommen und spüren ihre gegenseitigen Gedankengänge.

Sie geben sich wie abgesprochen auf Kommando High Five und Tashi grinst verschmitzt. Pixie will auch High Five, die Brüder lachen und halten ihre Hand hin, worauf Pixie ihre kleine Hand auf einen ihrer Finger patscht. Sie ist ja selbst nur gerade so groß wie eine Hand. Das klappt wunderbar und vereinigt die drei verschiedenartigen Wesen.

Die ausgedehnten Lichtqualitäten des Moldavit und Malachit gießen sich weiterhin über die Landschaft. Man freut sich über die wiedergefundenen Erkenntnisse.

Nach langer unausgesprochener Zeit erhebt sich Malachit und kommt auf Ramosh zu. Es ist so weit, Ramosh muss zurückkehren und wird Malachit mitnehmen. Oder Malachit nimmt

Ramosh mit? So oder so, sie werden zusammen in die neue Ebene eintreten. Ramosh ist im galaktischen Konzil mit seinem Vater aufgenommen worden.

Er freut sich mächtig auf seine neue Aufgabe, auch wenn ihm darüber noch lange nicht alles klar ist. Aber mit Hilfe seines Vaters wird er seinen neuen Arbeitsbereich schnell erfassen und wie immer zu aller Befriedigung ausführen. Auf Ramosh ist in allem was er tut hundertprozentiger und weit darüber hinaus Verlass.

Langsam steht Ramosh von der Ahnenbank auf, klopft auf die goldverzierte Box von Moldavit, streckt und dehnt sich in seine wahre Größe.

Alle erheben sich, er umarmt seine schöne Sternenmutter, nimmt dann Klara auf den Arm, die ganz traurig auf seinen Abschied reagiert. Er dreht sich um die eigene Achse mit ihr, aber irgendwie scheint sie das nicht aufzumuntern.

„Seufz, Ramosh, wenn du gehst, wird Tashi auch bald wieder in seine Menschenwelt zurückkehren. Dieses eine Mal konnte ich auf keine eurer Reisen mitkommen, und Andrach war auch nicht hier. War alles komisch, voll komisch!"

Klara schnieft, ganz untypisch Regenbogen-Huhn, sie muss das wohl von Tashi gelernt haben. Schließlich wurde sie durch Moldavit kurz spitz in die Menschenrealität geschleust und weiß nun besser, wie sich die Dinge dort, fast wie in einer Parallelwelt, anfühlen.

Ramosh muss jetzt wirklich lachen, ihr Schniefen sieht aber auch zu ulkig aus.

„Aber Klara, du hast dich doch glänzend mit Moldavit unterhalten, und geflirtet hast du mit ihm wie ein Profi. Das habe ich schon gesehen! Und was du mit ihm erlebt hast, davon hast du mir nichts erzählt! Aber Klara, wirklich!!"

Dabei hebt er spaßeshalber den Zeigefinger als Ermahnung an das Versäumnis.

„Oh ja, das habe ich ganz vergessen, aber ihr wart ja auch so schnell weg mit Malachit. Also, das erzähle ich dir dann ein andermal, wenn ich es nicht vergessen sollte. Verspreche aber nichts …"

Ramosh lacht und krault sie sanft, worauf sie sich entspannt und leise gluckert vor Freude.

Er verabschiedet sich von seiner Sternenmutter, spaziert zum Baum und ruft die Amsel, um sich ganz persönlich bei ihr abzumelden. Sofort fliegt sie auf seine starken Schultern, ganz nahe an sein Ohr und zwitschert ihm zärtlich ihr magisches Amsel-Lied zu. Er schließt die Augen, um sie ganz zu verstehen und nichts von ihrer Magie zu verpassen. Dann streichelt er ihr sanft über das Gefieder und sie fliegt fröhlich zurück, tief in den Baum hinein.

Malachit verabschiedet sich ebenfalls von Tashi, gratuliert ihm zu seinem Mut, diese schmerzhafte Reise dennoch zu beenden, um mit ihnen allen eine völlig neue, ausgedehntere, einheitliche Stufe eines neuen Kreislaufes zu beginnen.

Eine neue Oktave sozusagen.

Hinter seinem Rücken manifestiert Malachit einen flachen Malachit-Stein hervor und erfasst Tashis Arm. Irgendwann muss Malachit ein Band hergezaubert haben, denn er bindet den herrlich grünen Stein um Tashis Handgelenk.

„Damit du mich bestimmt nicht mehr vergisst und auch mit Ramosh verbunden bleibst. Eine kleine Erinnerung an mich und deinen Bruder!"

Malachit ruht mit seiner Hand auf dem Stein, um ihn mit seinen Energien vollzuladen. Tashi staunt über dieses Erinnerungsstück, das seine Kraft so stark ausstrahlt.

„Danke Malachit, das ist ein tolles Geschenk. Darüber freue ich mich sehr. Es wird mich immer an diese seltsame Reise erinnern! Ach, und wie könnte ich dich nur vergessen? Das ist unmöglich, so oder so."

Tashi hält seine Hand lange über den Stein, um die volle Wirkkraft zu fühlen. Er atmet dabei tief ein und lässt dessen Kraft durch sich hindurchfließen.

Dankbar lächelt er Malachit zu.

Dann seufzt er und umarmt seinen großen Bruder lange. Langsam gewöhnt er sich an den andauernden Abschied und das überraschende Wiedersehen.

Loslassen – annehmen – loslassen – So bleiben lassen – mitfließen …

Nachdem sich alle gebührend Respekt erwiesen haben, wenden sich Malachit und Ramosh ab, zusammen wandern sie gemütlich dem naheliegenden Teich entgegen. Und wer jetzt blinzelt, hat sie bereits verpasst! Sie sind so schnell in ein Paralleluniversum verschwunden, dass es mit bloßem Auge nicht zu sehen ist.

Tashi, die Sternenmutter und Klara stehen immer noch dort und haben ihnen ein letztes Mal zugewinkt. Sie kennen das plötzliche Kommen und Gehen. Die Sternenmutter hält ihren Arm auf Tashis Schultern und so spazieren sie zurück zur Ahnenbank, Klara hinterher, nicht so fröhlich wie sonst.

Auf der Ahnenbank wartet Moldavit und lächelt sie an.

„Ihr Schönen, das war wohl eine unglaublich intensive Reise, nicht wahr Tashi?"

„Tja, Moldavit, das kann man so nennen. Wenn ich das vorher gewusst hätte … und was es alles bewegt und verändert hat! Und jetzt? Gehst du auch von uns?"

Tashi schaut erwartungsvoll auf Moldavit, er hätte gerne eine manifestierte Erinnerung an seinen neuen Freund. So wie er auf seiner ersten Reise einen traumhaften Kristall von Rosenquarz und nun auch von Malachit erhalten hat. Moldavit hört natürlich seinen Gedanken, aber lässt auf seine Antwort warten.

„Die goldene Box sollst du erst mal behalten, ein weiteres Geschenk wird zu einem späteren Zeitpunkt erfolgen. Bis dahin wirst du mich voll und ganz integriert und akzeptiert haben. Raphael, der große Geist und Psychologe, den du bereits auf deiner Regenbogenreise kennengelernt hast, wird mich anweisen, wie weiter vorzugehen ist. Diese meine Antwort soll dir momentan genügen. Ja?"

Tashi spielt mit den Füßen im Gras, während er hinhört. Dann nickt er nur mit dem Kopf und setzt sich auf die Ahnenbank.

„Zu deiner vorhergehenden Frage: Ich verweile noch etwas mit euch, damit du dich, Tashi, ganz erholen kannst. Bleibe noch ein wenig mit deiner Sternenmutter und Klara, bevor du in die Menschenwelt gehst. Da du ein ganz neues Programm mit dir trägst, könnten deine Mitmenschen möglicherweise heftig darauf reagieren. Bleibe in diesem Schutz des Lebensbaumes, deiner wunderschönen Ahnenbank und genieße das SEIN, gehe schaukeln, schlafe, tue genau das, was dich richtig dünkt und dich nährt und auffrischt. Deine Menschen erkennen deine neue Lichtemanation, können aber nicht damit umgehen. Deshalb brauchst du noch etwas Schutz, den du nur hier bekommst. Dieser Ort ist ein heiliger Ort, der dich nährt und beschützt."

Lange betrachtet Tashi seinen neuen Freund und Mentor Moldavit, der so beruhigend strahlt und großen Frieden ausbreitet.
„Ich bin froh, dass mir noch etwas Zeit bleibt, um mich neu auszurichten. Mein Körper scheint auch anders zu funktionieren, seit ich von Malachit zurück bin. Der Ur-Ton, die Begegnung mit Hermes Trismegistos, die Pyramiden, meine neu ausgerichteten Wächter sind wohl alles etwas viel. Sehr, sehr gerne bleibe ich noch länger bei Klara und meiner Sternenmutter. So kann ich auch noch mehr Zeit mit Pixie haben. Ich bin so dankbar, dass sie mit mir gereist ist, da Andrach wohl nirgendwo zu finden war auf dieser Reise. Das ist schon seltsam, da er doch immer erscheint, wenn ich ihn dringend brauche."
Tashi fährt sich durch die Haare und klickt mit den Fingern, sein Zeichen für Andrach. Aber es bleibt weiterhin still. Er wendet sich wieder an Moldavit:
„Das ist schön, dass du auch noch bleibst, darüber freut sich Klara sicher!"
Klara hat das gehört und wird rot. Alle lachen fröhlich darüber, nicht *über* Klara, sondern *mit* ihr. Das ist ein wesentlicher Unterschied!

So bleiben sie zusammen, genießen den Duft des weichen Grases, das auf dieser Reise eine wichtige Rolle gespielt hat. Der mächtige Baum weht mit seinen Ästen und spielt mit den glänzenden, gepflegten Haaren der Sternenmutter. Sie schimpft zärtlich mit dem Riesenbaum, der ein untrügliches Flair für sie hat. So wie Klara für Moldavit eines hat und die Amsel für Ramosh. Alle kennen sich aus vielen Lebenszyklen, aus anderen Zeiträumen und in anderen Gestalten.

Tashi wundert sich, wo wohl Ramosh und Malachit hingereist sind? Möglicherweise direkt in seine neue Arbeit bei Alcyone? Wann wird er seinem starken Bruder wieder begegnen? So viele Gedanken fließen durch seinen Kopf, ein wahres Kopfkino, welches das Erlebte noch einmal in vielen Details vor Augen führt.
Alle hängen ihren eigenen Gedanken nach.
Tashi spielt mit den Füßen im wohltuenden, frisch duftenden Gras, während er seinen inneren Film betrachtet.
Auch hat er endlich genug Zeit, sich seinen veränderten Wächtern zu widmen. Sie haben sich die ganze Zeit still verhalten. Er winkt ihnen, sich neben ihn zu setzen. Waka, der große stramme Wächter, der jetzt viel offener und weniger verkrampft erscheint. Nga, das stärker, irgendwie männlicher und aufrechter steht. Waka erinnert ihn an Ramosh, der auch weniger verkrampft erscheint, nachdem er von Malachit von alten Verpflichtungsgefühlen erlöst wurde.
„Wie fühlt sich das alles für euch an? Wir alle drei wurden erneuert. Ich fühle mich so tief mit euch verbunden, dass ich euch als ein Teil meiner selbst wahrnehme. Meine Bewegungen sind eure Bewegungen und umgekehrt. Mögt ihr euch dazu äußern?"
Beide Wächter schauen sich an. Nun, wer spricht zuerst? Sie setzen sich neben ihn, ganz nahe. Das haben sie auch noch nie getan, denn sie sind es gewohnt, immer neben ihm zu stehen! Egal ob er schläft, in der Schule ist, irgendwo schaukelt, wirklich egal, sie bleiben immer aufrecht wie Säulen neben ihm.
Die beiden verharren eine Weile ganz still. Dann ergreift Waka zögernd das Wort.
„Tashi, du Mutiger, wir gewöhnen uns auch an die neuen Instruktionen. Wir sind mit einer größeren Einheit neu verknüpft worden. Die alten mentalen und emotionalen Missbrauch-Muster können nicht weiter unterhalten werden. Sie wurden aus unserem

Programm gestrichen. Alles, was mit uns geschehen ist, die ganze Umpolung, wird sich in deinem Leben, in deinem neuen Zyklus äußern. Wir sind sozusagen deine Veränderung, denn wenn wir mit neuen Programmen unterwegs sind, muss sich unser Schützling auch verändern. Entweder stirbt unser zu bewachender Mensch oder aber er ist so ungeheuerlich mutig wie du und wir können zusammenbleiben! Glaube mir, es ist uns beiden, Nga und mir, eine große Ehre, mit dir weitere Abenteuer zu erleben! Wir beide möchten niemanden anders als dich begleiten. Seit Äonen sind wir bereits zusammen. Aber dieser Schlüssel-Moment in deiner Entwicklung hätte uns trennen können! Du wirst uns möglicherweise ein wenig anders fühlen, da unsere Resonanz nun eine andere geworden ist. Wir sind neu aufeinander abgestimmt worden. Das bedeutet, dass deine inneren Antennen uns anders wahrnehmen werden. So als würdest du eine neue Sprache lernen."

Nga mischt sich nun dazwischen.

„Ich würde sagen, eher wie ein neuer Dialekt Waka. Tashi, die Impulse wirst du leicht lernen, da du bereits sehr geübt bist, uns und deine Anderswelt wahrzunehmen."

Nga lächelt, das hat es noch selten gegeben, dass sie sich einmischt oder zur Ergänzung beiträgt. Ist sie weniger passiv durch ihre neue Ausrichtung? Na, das ist ja sehr spannend!

Tashi lächelt beide an. Dann muss er doch laut lachen wegen Waka, mit großen Augen zeigt der sein Erstaunen über Ngas Reaktion.

„Ihr zwei, wir drei … langsam gewöhne ich mich an die neue Ausdehnung und eure verfeinerten Impulse. Machen wir uns doch das Gelernte zu Nutze und haben Spaß damit. Nga, Waka? Die Umpolung erlaubt uns Erkenntnisse, die vorher nur schwer zugänglich waren. Ich will einfach wieder mehr Spaß haben, Nga und Waka, so wie ich es bei Rosenquarz gesehen und gefühlt habe. Unsere neue Freiheit, die Befreiung alter Ketten, erlaubt uns, weit offenstehende Möglichkeiten auszuprobieren. Cool oder? Das Cool-Wort hat doch Amethyst gebraucht, nicht?"

Beide Wächter erinnern sich an Amethyst und antworten gleichzeitig:

„Ja hat er, cool!"

Leise sinniert Tashi mit seiner Sternenmutter:
„Die Menschheit wird also durch einen gewaltigen Quantensprung geschleust, der einige Generationen dauern könnte. Verborgene Siegel, eines nach dem anderen, werden geöffnet werden. Es wird ein Ineinander-Weben verschiedener Realitäten geben, eine Trennung der alten Welten und ein Überlappen aus den lichten Welten. Dies erlaubt dem Planeten Erde, aus seiner alten Position, seiner alten Rolle herauszuwachsen.

Wie lange wird es wohl andauern, bis die Menschen das auch akzeptieren wollen? Sie müssen es verstehen lernen, was hier gerade gespielt wird in dieser dichten Dimension."

Tashi fühlt sich so viel freier nach seiner eigenen Umpolung. Tiefe Dankbarkeit und Freude erfassen ihn.

Also braucht er sich auch nicht mehr zu schämen, wenn er nicht so ganz in das Gesellschaftsmuster passt. Er ist kein typischer Streber, dagegen sind sein Innenleben und seine vielen unzähligen Wirklichkeiten von höchstem Potenzial! Er wird in Zukunft stolz sein auf seine inneren lebendigen Welten, die ihm herrlichen Entfaltungsreichtum gewähren. Sein Leben soll lebendig gelebt werden und nicht in langweiligen vorgegebenen Strukturen verblassen. Das Menschendasein soll auf keinen Fall die geistigen Wirklichkeiten vernachlässigen, und das Licht soll sich mit der Materie vereinen. Wie heißt es doch so schön?

Ein neuer Himmel und eine neue Erde sollen entstehen …

Hmmm, das muss sich Tashi noch eine Weile überlegen, wie das genau aussehen soll. Dann wird das, was die Bäume und die Göttin ausgesprochen haben, mächtige, unvorstellbare Auswirkungen haben!

Ihn schaudert. Er steht auf, ganz gerne würde er wieder schaukeln gehen, sie hängt immer noch tief im Geäst des Riesenbaumes und wartet dort auf ihn. Ein paar Lianen und Äste haben sich um die Schaukel gewunden, jetzt hängt sie etwas schief. Er betrachtet die Schieflage, bittet aber den Baum trotzdem, ihm auf seine Freiheitsschaukel zu verhelfen.

Pixie klopft ihn leicht auf die Schulter.

„Ich komme auch mit dir schaukeln Tashi. Ich fliege pfeilschnell von allen Seiten um dich herum so wie vorhin! Das wird lustig, du brauchst wieder Freude, die Schwermütigkeit steht dir nicht so gut!"

Er lacht sie an, öffnet die Hand, damit er sie betrachten kann.

„Ich bin sehr froh, dass du bei mir bist, ich brauche deine Leichtigkeit – federleicht! Natürlich schaukeln wir zusammen. Du bist das Schweben und Freisein gewohnt, nicht wahr? Toll, du wirst mich noch einiges lehren können …" Dabei schmunzelt er, schnalzt mit der Zunge und berührt sehr sanft ihre hellen Haare.

Währenddessen bearbeiten Nga und Waka, die wunderbar treuen Wächter, die Schieflage, und es dauert auch nicht lange, bis sich alles wieder im Lot befindet. Fröhlich befördert der Baum Tashi behutsam auf die Schaukel und wartet, bis er sich gerade hingesetzt hat. Klara kommt aus ihrem stillen, nachdenklichen Sein gerannt und will auch hinauf. Natürlich sind da bereits große kräftige Äste, die Klara in hohe luftige Atmosphäre katapultieren. Fröhliches Lachen ist weiterum zu hören, sogar das Seil, an dem die Schaukel befestigt ist, quietscht immer noch. Was für eine freudige Überraschung. Tashi freut sich über den vertrauten Klang. Was für ein Unterschied zwischen dem, der er zu Beginn dieser Reise war, und dem, der er geworden ist! Er jauchzt und bedankt sich bei den Lianen für ihr Quietschen. Auch wenn sich dauernd so unglaublich vieles verändert, gibt es immer noch kleine, anscheinend unwichtige Dinge, die gleich bleiben. Und gerade diese kleinen Dinge sind so überaus herrlich, so wichtig in ihrem immer noch Sosein, weil sie eine Erinnerung wachhalten an vergangene Geschichten.

Unterdessen erscheint Shekina, die große Göttin, unten bei der Sternenmutter und Moldavit, ohne sich angemeldet oder irgendwie vorher Zeichen über ihr Kommen gegeben zu haben.

Völlig erstaunt blickt die Sternenmutter auf.

„Sternenmutter? Wunderbar hast du unseren Tanz getanzt und damit die Macht der Schöpfung zum Ausdruck gebracht. Dein Sohn Tashi ist durch eine weitere, schmerzhafte Initiation gegangen und hat sie mit viel Mut zu Ende gebracht. Seine Umpolung und innere Befreiung verschmelzen ihn zurück in die Einheit des größeren Ganzen. Bereits in seinen jungen linearen Menschenjahren wird er diese Kraft und das Wissen schöpferisch und selbstbestimmt zum Ausdruck bringen!"

Shekina, das Unnennbare, schimmert in den hellsten Pastellfarben, blendendes Perlmutt, Silbergrau strömt aus ihrem durchscheinenden wissenden Kleid.

Die Sternenmutter ist aufgestanden und verneigt sich ganz leicht vor der Göttin. Tashi hat aufgehört zu schaukeln und sitzt völlig still auf seiner geliebten Schaukel, mitten im dichten Lebensbaum. Die Amsel und Klara sind mucksmäuschenstill. Pixie, die, wie versprochen, um ihn herum schwebt, setzt sich unbemerkt auf seine Schulter.

Die Ruhe und überaus gigantische Stille, die Shekina über alles ausbreitet, pulsieren durch die friedliche Landschaft.

Ein Moment, in dem alles stillsteht, sich begegnet in diesem Zauber der Erfüllung. Alles rundherum und dennoch in seiner ganzen Diversität atmet für einen Augenblick der Stille den einen Atem, der Odem, der fortlaufend Neues erschafft.

Den einen Pulsschlag, der alles durcheinander und miteinander verbindet. Wie eine Perlenkette, die aufgereiht wird, Perle an Perle, jede Perle ein eigener Lebenslauf, ein Individuum am gleichen Faden hängend.

„Sternenmutter, auch du beginnst einen neuen Abschnitt. Du wirst mehr in der Menschenwelt tätig werden. Nicht als Mensch, du wirst aber deine Schönheit und Schöpferkraft durch ein Wesen kanalisieren, das wir dir bald vorstellen werden. Noch ist die Zeit in Vorbereitung für dieses Ereignis. Du wirst bleiben, wo du immer bist, mit deinem Sohn Tashi. Es wird eine Ergänzung geben, die dich erstaunen wird!"

Die Sternenmutter schaut die Göttin, die geheimnisvoll gesprochen hat, lange an, sie ist dankbar, dass sie bei Tashi bleiben kann. So ganz hat sie ihren Sohn aus der anderen Realität nie gehen lassen. Sie will ihn unbedingt auf seiner etwas schwierigen Menschenreise begleiten.

„Ich vertraue dir, große Göttin. Weshalb aber machst du mich jetzt schon darauf aufmerksam, auch wenn die Zeit noch nicht reif ist für diesen Auftrag?"

„Oh, das ist einfach, weil alle weiteren Mitspieler auch darauf vorbereitet werden, alles soll harmonisch ineinanderfließen, damit, wenn der Zeitpunkt gekommen ist, sich alles nahtlos zusammenfügt. Du wirst es bereits viel früher spüren, dass sich etwas verändert, wirst es aber nicht benennen können. Sei darauf vorbereitet, das ist alles, was du jetzt wissen musst. Du, Sternenmutter, bist eine weise Königin. Edel und segensreich. Auch wir sind froh, dass du mit Tashi reist und ihn unterstützt. Deine Familie soll zusammenbleiben, auch wenn sich alle immer wieder zerstreuen, um ihren individuellen Berufungen nachzugehen. Du bist das Zentrum, das sie alle immer wieder zu dir bringt!"

Shekina, die große Göttin, lächelt der Sternenmutter zu.
„Ich fühle mich geehrt Shekina, dass du persönlich zu mir gekommen bist und mir deine Anweisung überbracht hast. Was immer es sein wird, ich vertraue dem Geschehen und werde so Weise, wie es in meiner Macht steht, handeln!"

Die Sternenmutter schaut Shekina, dem universellen Weiblichen, in die Augen. Königin und Göttin ergänzen sich.
„Die Ahnen werden euch unterstützen und ihren Schutz für erfolgreiches Gelingen beitragen!"
Das war Shekinas letztes Versprechen, bevor sie ein letztes Mal kurz lächelt, sich zu Tashi umdreht, ihm zuwinkt und sich dann einfach auflöst. Ihr Duft nach Nektar hängt noch in der Luft. Die Stille ausgedehnt über der Landschaft verbreitet.

Leise beginnt die Amsel erneut zu singen, Tashi atmet auch wieder und Klara streckt, spreizt und schüttelt ihre schönen langen Federn, die leicht silberig glitzern.

Die Sternenmutter steht nachdenklich an Ort und Stelle. Sie verdaut das Gesagte, akzeptiert ihre eigene Bereitwilligkeit und schlendert dann gemächlich zurück zur Ahnenbank.

Sanft streicht sie mit ihren auffallend eleganten Händen über das starke uralte Holz und flüstert:

„Ihr werdet mir Zeichen zeigen, wenn die Veränderung kommt, damit ich vorbereitet bin, nicht wahr? Ihr Ahnen, die schon seit tausenden von Jahren eure Erinnerung in dieser Bank gespeichert habt! Es ist schön, eure Stimmen wieder zu vernehmen, auf dass ich eure Weisheit weiterleiten kann."

Sie spricht zu sich selbst, weiß aber, dass die unsichtbare Hörerschaft alles mitgehört hat. Sie lächelt ihr bezauberndes Lächeln und entspannt sich. Der Baum berührt sie mit einem dünnen herabhängenden Ästchen, um sein Beisein in allen ihren Lagen zu bekunden.

Sie berührt das Ästchen liebevoll, sie hat die Gedanken des Baumes vernommen.

Klara möchte zur Sternenmutter, um ganz nahe bei ihr zu sein.

„Tashi, ist das in Ordnung, wenn ich zurück zur Bank fliege? Du wirst wohl noch etwas länger schaukeln wollen oder?"

„Aber ja Klara, du bist ganz frei das zu tun, worauf du Lust hast. Eine Begegnung mit Shekina ist immer ein gewaltiges Ereignis. Das braucht Zeit, um es zu verarbeiten. Das Schaukeln und der Rhythmus helfen mir, alles Erlebte in Harmonie zu bringen. Geh ruhig zu unserer Sternenmutter."

Der Baum hilft Klara, sie aus den schwindligen Höhen zurück auf den Boden zu bringen. Sie bedankt sich beim Baum für seine Fürsorge und Hilfe und macht sich auf den Weg zur Ahnenbank. Sie schaut zurück zu Tashi und sieht, dass er das Schaukeln wieder aufgenommen hat. Pixie strahlt wie ein übermütiger schwebender Diamant um Tashi herum.

Auch die umliegende Landschaft beginnt sich wieder zu regen und genießt den Segen, den Shekina durch ihre Gegenwart hinterlassen hat.

Während Tashi das Schaukeln genießt und sich in die Neuordnung einschwingt, sitzt die Sternenmutter nachdenklich auf der Ahnenbank und streichelt abwesend Klaras Federn, die das natürlich sehr erfreut.

Auf dieser Reise durfte sie beide Söhne um sich haben. Sie lächelt, sie ist so stolz auf die beiden. Ramosh ist noch immer ihr Sohn, er hat keine anderen Eltern gewählt. Nur Tashi hat sich Erdeneltern ausgesucht, um im Schattenland, Planet Erde, inkarnieren zu können.

Laut spricht sie zu Klara:

„Tja und Großmutter bin ich auch geworden! Stell dir vor Klara, es ist auch ein Junge. Ein Kind aus der Sonne. Ich fühle, dass Tashi bald wieder eingeladen wird, weitere Abenteuer zu bewältigen! So spannend bewegt sich das Leben. Klara? Was meinst du dazu?"

Klara genießt die Streicheleinheiten der Sternenmutter. Da sie diesmal auf keiner Reise dabei war, weiß sie nicht recht, wie sie antworten soll. Sie war wohl sehr überrascht, als sie Tashi zuerst kaum wiedererkannt hat mit seiner neuen Aura und der neuen Ausrichtung. Sie legt sich zurecht unter den Händen der Sternenmutter, gluckert ein wenig und meint dann nur:

„Eine Elfe hat er auch mitgebracht von seiner Reise. Es wird langsam turbulent in seinem Leben. Das Leben, das er hier und dort und überall zur gleichen Zeit führt. Ich möchte noch ein wenig mit ihm sein, bevor er wieder in die Menschenwelt zurückkehrt. Was meinst du Sternenmutter?

Sollen wir ihn rufen, damit er noch eine kleine Weile mit uns bleibt?"

„Noch nicht Klara, er wird schon kommen. Diese Reise hat ihn ganz schön durcheinandergewirbelt. Er braucht seinen Raum, um sich an die neuen Frequenzen und sonst alles Neue anzupassen.

Das Schaukeln hilft ihm. Du wirst sehen, wir kommen schon nicht zu kurz!"

Sie küsst Klara auf den Kopf und lächelt sie an.

„Dann bin ich froh, muss meinen kleinen Bengel, der jetzt ein Meister geworden ist, nämlich noch genießen. Pixie ist auch süß, nicht wahr Sternenmutter? Erzählst du mir etwas über Lichtelfen? Du kennst dich doch gut aus damit."

Die Sternenmutter ist geschmeichelt und verwundert. Sie betrachtet Klara, die sie bittend anschaut.

„Du weißt aber schon, dass sie keine Konkurrenz zu dir ist gell Klara! Es gibt keine Konkurrenz! Alle wir haben unsere bestimmten Aufgaben mit Tashi. Du hast ja auch kein Problem mit Andrach, Pixie ist eine ähnliche Begleitung wie Andrach. Sie gehört zum Ätherelement und kann Tashi durch jede Ebene und jede Situation begleiten."

Klara setzt sich auf, sie ist wirklich interessiert, was es über die Lichtelfe zu erfahren gibt. Dass die Sternenmutter ein ganz klein wenig recht hat mit der Konkurrenzangst wegen Pixie, darüber will sich Klara nicht äußern.

Langsam und bedächtig beginnt die Sternenmutter zu erzählen.

„Die lichten Elfen aus dem Ätherreich bringen die Leichtigkeit, die unglaubliche Zartheit und die große Kraft ihres Schöpfers zum Ausdruck. Sie erinnern an die Herrlichkeit und die Fülle der Quelle. Als die Schöpfung noch im Einklang war mit den Elementen. Denn es gibt natürlich Elfen und Elementarwesen für jedes Element, deshalb heißen sie ja auch Elementarwesen."

Sie schaut wieder auf Klara, die aufmerksam zuhört.

„Die alten Naturvölker wussten noch um diesen Zauber und den Schutz der Elementarwesen. In der Menschenwelt erzählen die Märchen davon, dort wird dieses alte Wissen noch überliefert. Pixie ist nun zu uns, speziell zu Tashi gekommen, weil er sehr viel alte Selbst-Anteile verabschiedet hat. Pixie steht für seine Neuausrichtung nach der Umpolung. Sie verkörpert die neue Leichtigkeit und die Verbindung zu vielen, vielen weiteren

Bewusstseinsebenen. Sie ist das Ätherelement, welches durch jede Zelle schwingt und Tashi an sein diamantenes Wesen erinnert. Der Regenbogen hat ihm doch erzählt, dass er sein diamantenes Wesen wiedererkennen werde!

Nun, Pixie wird ihn an diese Aufgabe erinnern, indem sie einfach mit ihm DA ist!"

Sie pausiert in ihrer Erzählung, dann plötzlich kommt ihr etwas in den Sinn.

„Klara, die Umpolung, die Tashi erlebt hat, wird die Menschheit auch erleben müssen. Das wird natürlich ein wenig dauern. Aber nach der planetarischen Umpolung werden sich die alten Völkerstämme, die friedliebenden Wesen, wieder öffentlich zeigen. So wie die Göttin das bereits erwähnt hat. Also ist Pixie wie eine kleine Prophetin zu sehen, symbolisch natürlich. Nämlich die Ankunft der magischen Zauberwesen zurück auf Erden!"

Sie schweigt wieder nachdenklich.

„Könnte doch sein, oder Klara?"

Klara doppelt scheu nach:

„Dann haben jegliche Erscheinung und Präsenz aus der Anderswelt eine bestimmte Aufgabe und eine Erinnerung, die erneut aktiviert werden kann?"

„Klara, das hast du wunderbar erkannt, genauso ist es. Du bist wirklich eine aufmerksame Zuhörerin!"

Die Sternenmutter streichelt Klara, sie ist dankbar, dass ihre Erläuterungen so viel fruchtbaren Boden finden.

„Sternenmutter, mir scheint, du wirst zur Geschichtenerzählerin! Du überlieferst altes Wissen, das früher von Generation zu Generation immer weitergetragen wurde. Vielleicht ist es das, was Shekina dir angekündigt hat?

Vielleicht versammeln sich immer mehr Wesen an diesem Tashi-Kraftort und du wirst unsere Erzählerin?"

Klara hackt nach:

„Dabei will ich aber unbedingt Tashis Superfreundin bleiben!"

Die Sternenmutter lacht.

„Natürlich wirst du das bleiben Klara. Du bist einmalig! Und ja, du hast recht, möglicherweise ist es das. Damit eröffnen sich auch mir wieder alte schlummernde Kanäle, um die Geschichten des Universums weiterzuerzählen? Du bist einfach toll Klara!"

Sie hebt Klara auf, küsst sie und knuddelt sie fröhlich. Beide stehen auf und tanzen einen übermütigen fröhlichen Tanz.

„Weißt du Klara, du bist sehr wichtig für Tashi, und für uns alle. Du bringst den Humor, bist wunderbar geerdet. Und bei jeder Erneuerung verankerst du Tashi in seine neuen Erkenntnisse. Das ist unglaublich wichtig für ihn, eigentlich für uns alle. Wir sind dankbar, dass du dich entschieden hast, Tashis beste Freundin zu sein und seine Erlebnisse zu teilen!"

Klammheimlich schlüpft Moldavit aus seiner Box und schleicht sich zu ihnen. Ganz Gentleman mischt er sich zu den beiden, verneigt sich humor- und respektvoll, um dann das fröhliche Tanzen mit den beiden aufzunehmen. Er lächelt Klara an, sie wird natürlich wieder ganz rot dabei, immer noch!

Moldavit wirbelt um sie herum und widmet sich ganz ihr.

Leise raunt er ihr zu und ergänzt, was die Sternenmutter bereits erwähnt hat:

„Du schenkst Tashi die Vitalität, die er braucht, bevor er und nachdem er seine jeweiligen Abenteuer erlebt. Du hilfst ihm zu sehen, was unvermittelt vor ihm ist, was er sehen soll, ohne sich ablenken zu lassen. Mach dir also keine Sorgen mehr über die Hackordnung!

Hier gibt es nicht wirklich eine Rangordnung, wir alle haben unsere Aufgabe. Keiner ist wichtiger oder weniger wichtig, tragen wir doch alle unsere Talente in das Rad, das sich das Leben nennt!"

Dann zwinkert er ihr zu und das schöne wohltuende grüne Licht von Moldavit umgibt Klara und die Sternenmutter.

Tashi betrachtet die Szene von weit oben aus luftiger Höhe seines Freundes, des Riesen-Baumes.

„Pixie, ich glaube, wir mischen uns unter unser Bodenpersonal! Da läuft was, nimmt mich Wunder was da los ist. Kommst du mit?"

Sie schwebt schwerelos vor ihn hin.

„Aber sicher doch Tashi. Lass uns in das Tanzen ein!"

Der Baum hilft ihm, von der hohen Schaukel auf den Boden zu kommen. Zusammen schlendern die beiden zu ihren Freunden und tanzen einfach mit.

Klara umschwirrt Tashi sofort, sie will ihn endlich auch noch ein wenig genießen. Sie flattert auf seine Schultern, ihr langer Federnschweif über Tashis Rücken bis auf den Boden fließend.

Pixie lächelt Klara an und setzt sich wieder in Tashis Haarschopf. Sie weiß um Klaras Unsicherheit, sie wäre schon gerne seine absolut beste Freundin. Von oben flüstert sie, nur für Klara hörbar.

„Ich stehe in keiner Konkurrenz zu dir! Wir alle gehören zur Tashi-Familie. Genieße deinen Jungen, solange er hier ist, an diesem herrlichen Kraftort. Es ist alles gut so, wie es ist."

Klara schaut erstaunt herauf zu Pixie. Woher weiß sie, was ihre Bedenken waren? Die Elfe lächelt nur und schweigt.

Ja verflixt, gleich wie bei Andrach! Man kann den Elfen nichts verheimlichen. Sie wissen um die Gedanken, sie wissen um die Gefühle. Ebenso leise, für niemanden außer für Pixie bestimmt, flüstert Klara zurück:

„Jaja, sorry! Habe ich jetzt kapiert! Verbesserungspotential meinerseits möglich!"

Pixie lacht laut auf und alle gucken sie an. Aber sie tanzt fröhlich in die Runde und zwinkert Klara frech zu.

Da haben sich bestimmt zwei Ähnliche wiedergefunden! Das kann ja heiter und lustig werden. Klara zwinkert dankbar zurück.

Moldavit versprüht seine Kraft, seine Verbundenheit mit allen Dingen. Allein schon seine Anwesenheit seit Beginn dieser Reise hat bereits subtil viel Veränderung bewirkt, ohne dass es offensichtlich war.

„Meine Energien, meine Wesenheit sind von enormer Kraft! Deshalb halte ich mich eher etwas im Hintergrund, um niemanden zu überwältigen.

Tashi, wann immer du an mich denkst, werde ich bei dir sein. Egal ob du mich wahrnimmst, ob du meine Wesenheit siehst oder nicht. Ich bin für dich da, so wie Malachit Ramosh begleitet! Das gilt für alle deine weiteren Reisen, die du noch unternehmen wirst. Aber vor allem gilt diese Regel in deiner Menschenwelt. Deine Kräfte werden bei jeder Reise stärker und du wirst sie ausstrahlen. Du wirst erkennen, dass deine Umwelt oftmals nicht zurechtkommt mit deinem hohen Energiefeld.

Also bin ich bei dir und helfe dir, nicht zu verzweifeln, dich im Gleichgewicht zu halten und dich an deine Sternenherkunft zu erinnern! Die Menschen sind noch lange nicht auf deinen Frequenzen des Verständnisses. Deshalb betrachte mich als deinen Partner!

Da deine Gesundheit, deine chemische Struktur etwas anders schwingen als bei den meisten Menschen, helfe ich dir, den Schutz um deine Zellen aufrechtzuerhalten. Ich halte Infektionen fern, reguliere und stärke deine Blutkörperchen. Du bist den Frequenzunterschieden stark ausgeliefert, da du immer wieder in die Menschenwelt zurückkehren musst. Dort wirkt das Energiesystem etwas anders, deshalb brauchst du mich als deinen Freund, um dir immer wieder Mut und Urvertrauen zu schenken. Wie Klara so schenke ich dir Freude, Leichtigkeit und Humor. Deshalb mag ich doch Klara so gerne!"

Er dreht sich um und zwinkert ihr verschmitzt zu. Sie bleibt stehen, macht große Augen und errötet. Es ist einfach zu köstlich zuzuschauen, wie die beiden miteinander interagieren.

Dass Klara Moldavit schön findet, weiß niemand. Außer Moldavit natürlich! Sie ist schon ein ganz klein wenig verliebt in ihn. Aber was soll's, hier darf man eben so sein, wie man ist, man darf es im Sosein belassen, ohne sich erklären oder rechtfertigen zu müssen! Sie wendet sich ab, sie will nicht, dass doch noch jemand aus Versehen ihre Gedanken lesen könnte.

„Noch etwas Tashi."

Moldavit stellt sich direkt neben ihn, um seine ganze Aufmerksamkeit zu erhaschen.

„Je näher du mich in deine Energien lässt, umso leichter hüpfen deine Moleküle und arrangieren sich mit deiner wahren Natur.

Die Natur deiner Sternenherkunft nämlich, dein Sternenselbst, dein universales Selbst, welches deine Wahrheit ist! Das ist dein Code, mit dem du trotz hoher Frequenzen in deinem Menschenselbst gesund und stark funktionieren kannst.

In meiner Gegenwart wirst du ständig an deine Wahrheit erinnert. Die Erinnerung an deinen Stammbaum!

Ich werde hier auf Erden einfach nur Moldavit genannt, obgleich meine Natur, mein Wissen und meine Heilkraft weit über diesen Namen hinausgehen.

So wie bei den meisten Dingen, ein Name ist nur die Verpackung, aber noch lange nicht der Inhalt!

Das glaubt dir wahrscheinlich keiner in der Menschenwelt, meine Energien sind selbst in den Bäumen, den Blättern, dem Grün im Chlorophyll zu finden! Was für ein Geheimnis! Behalte es für dich, ernähre dich von meiner Kraft und alles wird gut. Vertraust du mir?"

Wow, Tashi ist überwältigt. Das mit den Bäumen und den Blättern, nein das wusste er wahrlich noch nicht. Muss wohl an der chemischen Struktur liegen, die sie miteinander verbinden? Interessant. Darüber wüsste Ramosh sicher einiges mehr. Schade, dass er ihn nicht fragen kann.

Das mit der DNS-Verbindung und der Erinnerung, das muss er wirklich mal länger betrachten, das interessiert ihn. Er wird Moldavit ein anderes Mal darüber ausfragen.

Er seufzt und lange betrachtet er seinen neuen, grün leuchtenden Freund Moldavit.

Wie sehr er ihn brauchen wird in seiner Menschenwelt!

Das wird er sich immer bewusster.

Tashi streckt sich, um tief durchzuatmen. Klara kommt auf ihn zu, um ihn zu erden. Sowieso mag sie gerne um Moldavit herumtänzeln. Ist ja überhaupt nicht auffällig!

Tashi kuschelt sich in Moldavits herrliches Grün und lässt sich von seinem Freund erfrischen. Klara ist ganz grün, weil sie sich ebenfalls im grünen Licht eingebettet hat.

Pixie fliegt wie eine Lichtkugel in der Gegend herum und genießt Tashis Rückzugsort. Sie kundschaftet alles aus, nicht nur die Gegend, sie will auch die Sternenmutter gut kennenlernen. Diese hält ihre Arme weit offen, damit Pixie immer wieder darauf landen kann. Dann betrachtet Pixie in ihrer typischen Art, leicht schiefe Kopflage mit strahlend grün-türkis-gold farbigen Auge die Sternenmutter, die das geduldig über sich ergehen lässt. Sie schaut ganz ruhig zurück in diese tiefen Elfen-Meeresaugen.

Moldavit fragt sein Trüpplein:
„Wie wäre es, wenn wir uns unter dem großen Weltenbaum zusammentun? Vielleicht hat er uns auch noch was mitzuteilen, bevor wir uns verabschieden müssen?"
Ohne zu warten, schwebt Pixie direkt auf den Baum zu. Alle folgen ihr, ohne zu antworten. Die Amselfamilie zwitschert fröhlich und heißt alle willkommen. Der Baum selbst spielt mit den Ästen und umarmt alle die gerne, die umarmt werden möchten. Alle möchten natürlich!
Und so beginnt eine Symbiose, die eine ganz neue Plattform der Erfahrungen für alle Beteiligten bereitstellt.
Erwartungsvoll schauen sie in den Riesenbaum, der unglaublich freundlich und fröhlich zurücklächelt.
Mit kräftiger Stimme, begleitet von leichter Musik, die aus den raschelnden Blättern klingt, spricht er zu seinen Freunden.

„Tashi, wir alle gratulieren dir ausgiebig zu dieser schwierigen Reise, die du erlebt hast! Wir haben Achtung vor dir. Nimm unsere tiefe Dankbarkeit und Wertschätzung entgegen. Du hast den Todeskampf überwunden! Dein Mut, nie aufzugeben, hat dich dahin gebracht, wo du jetzt bist. Durch dein Vorbild verändert sich alles um dich herum! Nicht nur an deinem Kraftort, auch in deiner Menschenwelt. Du wirst sehen, es wird sich alles neu richten!"

Etwas scheu schaut er sich um, so viel Lob ist ihm beinahe peinlich. Dann sieht er plötzlich auf den kleinen Hügel, die jeweils von einem Wächter Baum behütet werden, dass die Bäume ihm entgegenlächeln. Nein! Das ist ja unglaublich.

Große Freude überkommt ihn, tiefe innere Freude, dass er das Unmögliche geschafft hat. Wie eine warme Welle erfüllt ihn tiefste Zufriedenheit.

Durch das Lächeln der naheliegenden Bäume erkennt er endlich, was er eigentlich vollbracht hat. Er kann es jetzt besser akzeptieren.

„Wellen der Erneuerung fegen über den Schattenplaneten. Gaia erhebt sich aus ihrer alten Position und ruft ihre Kinder, Kinder des Lichts zurück! Das gibt vielleicht ein Fest! Auch wir Baumseelen werden uns erneut ausbreiten und Gaia ihre Heilkraft zurückschenken.

Man hat uns Bäume ausgerottet, man hat Gaia den Atem genommen. Nun pusten die Sternen-Ältesten ihr Wissen kraftvoll zurück auf den geschändeten Planet Erde, was einmal ihr Paradies war.

Was für ein Erwachen wird die Menschen erfassen! Das haben wir alle gesehen auf dieser Reise.

Nun Tashi, du sollst dich unbedingt noch etwas ausruhen. Genieße deinen Kraftort, den Rückzug mit deinen Liebsten. Du wirst von nun an die Herausforderungen in deiner Menschenwelt anders bewältigen können.

In deiner kleinen Menschenfamilie, deinen Menscheneltern, sind bereits Veränderungen angekündigt! Lass es auf dich zukommen.

Du kehrst in deinem Meisterkleid zurück, ganz neu ausgerüstet mit neuem Verständnis.

Durch die Begegnung mit der Libelle hast du uraltes Wissen auferwecken können. Der Libelle als große Heilerin – sie stammt aus dem Königreich der Naturgeister, nämlich dem Elfen-Volk. Nun hast du Pixie, die dich weiterhin begleiten wird. Selbst im Menschenkleid wird sie dir begegnen, möglicherweise wird sie die Form der Libelle annehmen! Achte darauf, wenn du Libellen siehst. Es könnte Pixie sein!"

Der Baum lächelt, berührt Pixie mit einigen kleinen Ästchen, um mit ihr zu spielen.

„Durch die Gegenwart Moldavits, den Zauber der Elfen, die Magie deiner Sternenmutter bist du bestens ausgerüstet, zurückzukehren in dein Menschenleben. Dein Herzschlag hat sich mit unserem vereint!

Es wartet bereits eine weitere Reise und noch viele weitere Abenteuer-Reisen auf dich. Aber erst musst du zurück zu den Menschen, denn dort geschieht auch viel Umbruch. Sie werden dich brauchen!

Geh in Frieden mein Junge, Tashi Meister! Lass es dir gut gehen."

Der Baum schweigt und lächelt wissend. Diese Freundlichkeit und der Großmut berühren Tashi zutiefst im eigenen Wesen.

Immer wieder schüttelt er den Kopf, in hunderten von Jahren wird er es immer noch tun. Was haben doch die Menschen alles vergessen!

Sind sie so unzufrieden, so weit von sich selbst entfernt, so blind geworden, dass sie diese magischen, vielfältigen Schönheiten nicht mehr wahrnehmen können?

„He, Tashi, nicht grübeln! Feiern!"

Pixie und Klara rufen ihn zur gleichen Zeit aus seinen Grübeleien.

Er lacht die beiden an, umarmt seinen Baum lange und innig, bedankt sich für die schönen, bereichernden Worte.

Der Wind spielt noch ein wenig mit den glänzenden Haaren der Sternenmutter, eine Anerkennung seiner Verehrung für sie. Großen Frieden breitet sich aus.

Tashi will noch zu den Hügeln spazieren, um sich bei den Wächter-Bäumen erkenntlich zu zeigen. Er muss nachsehen, ob das Lächeln wirklich ihm gegolten hat. Zudem will er seine Landschaft bis ins Detail neu wahrnehmen.

Aus der Ahnenbank strömen leise Stimmen, die alle durcheinanderreden. Die Ahnen haben „ihren" Tashi während seines beschwerlichen, befreienden Malachit- und Moldavit-Abenteuers beobachtet. Die Auflösung alter Muster betrifft immer auch die Vergangenheit und die Geschichte der DNS-Erinnerung.

Es scheint, als sei alles aus der Starre und einem langen Schlaf aufgewacht und lebendig geworden.

Dornröschen lässt grüßen!

Das große Aufwachen hat auch im Kleinen stattgefunden.

Wie im Makrokosmos, so im Mikrokosmos!

Die Kristallgläser von Rosaline strahlen in allen Regenbogenfarben, mit frischem Wasser gefüllt, und den Rosenquarzen im Glas. Ihr Glitzern im Sonnenlicht leuchtet und funkelt weiterum.

Pixie schwirrt und saust überall umher und verteilt ihren Sternenstaub, der glänzt und für magischen Zauber sorgt. Sie folgt Tashi, der auf einen üppigen, herrlich duftenden Lindenbaum zustrebt, welcher ihn vorhin angelächelt hat. Auch dieser Baum ist ein Wächter über einen der kleinen, aber markanten Hügel, welche die Landschaft kennzeichnen.

Er setzt sich auf die Wurzeln des stattlichen Baumes. Seine treuen Wächter setzen sich neben ihn. Tashi nimmt dies erfreut zur Kenntnis und grinst ihnen dankbar zu.

Dann spricht er zum Lindenbaum, der das unter ihm liegende Gebiet überblickt.

„Du, Baum des Friedens und der Gerechtigkeit! Nun wird Gaia also Gerechtigkeit zukommen, Erinnerungen, alte tiefe Verletzungen und Wunden dürfen heilen!

Und meine Familie wächst und wird immer größer. Meine Leichtigkeit und Freude wachsen, das Leben beginnt mir langsam Spaß zu machen! Wer hätte das gedacht, eine tolle Wende. Langsam wachsen mir Wurzeln in die Erde, so wie der magische Lebensbaum es mir mit seinem Wurzeltanz auf dem Regenbogen beigebracht hat!"

Dabei klopft er an die Rinde des nach Lindenblüten duftenden Baumes. Er winkt der Sternenmutter, die es sich auf der Ahnenbank gemütlich gemacht hat und das überfließende grüne Moldavit-Licht genießt. Sie winkt glücklich zurück. Entspannt beobachtet sie Tashi, hört der flüsternden Ahnenbank und dem Amsellied zu. Sie genießt den friedlichen Kraftort, der nach so viel Unrast endlich wieder etwas zur Ruhe kommt.

Verträumt schaut Tashi über seinen Kraftort, dann meint er weiter zum Lindenbaum:

„Ich lerne, mich im Menschenleben zu integrieren und es immer spielerischer anzugehen! Mit meinem neuen Herzrhythmus nach der Umpolung muss ich noch aufpassen, dass ich ehrlich auf meine Bedürfnisse achte und ihnen genügend Aufmerksamkeit schenke! Na ja, das wird schon werden. Oder Pixie?"

Pixie saust weiter in der Landschaft herum, sie liebt es, so federleicht über alles hinwegzufliegen. Sie will nicht darauf antworten, fliegt aber Tashi direkt vor der Nase durch. Pixie gefällt dieser herrliche Ort, obgleich er so nahe an die Menschenwelt angrenzt.

Tashi lacht herzlich über seine neue, süße und übermütige Freundin.

Dann schaut er tief in den großen Lindenbaum hinein, nach oben in dessen Krone, der Chefetage des Baumes. Goldenes Licht schimmert durch das Blätterwerk und symbolisiert die Lebenskraft, die Sonnenkraft dieses herrlichen, heilenden heiligen Baumes.

Er nimmt das Gold in ihrer weiten Krone wahr, sieht das Lächeln der blühenden Lindenblütenblätter und das leise Rauschen der alten Äste. Er will fühlen, was sie ihm in ihrer heilenden mütterlichen Liebe vermittelt.

„Ein Lob auf deine Tapferkeit Tashi. Auch hast du deine Sternenfamilie wiedergefunden und dich neu mit ihr verbinden können. Mein Baumgeist, meine Seele stehen für Familien, Geselligkeit, Gerechtigkeit und Wahrheit. Du hast deine eigene Wahrheit wiedergefunden Tashi!

Ich schenke Linderung … immerhin trage ich den Namen: Linde …

Unter meinem Schutz findest du Ruhe, Frieden und neue Kraft. Die brauchst du jetzt, bevor du wieder in die Menschenwelt zurückkehrst. Mit meinem Schutzmantel und meinem herrlichen

Duft in deiner Erinnerung sollst du in dein neues Selbst auferstehen!"

Freundlich berührt sie ihn sanft und lässt üppigen süßen Duft über Tashi ausströmen.

„Weißt du, dass ich bis zu tausend Jahre alt werden kann? Ziemlich gigantisch nicht? Früher, als die Menschen meine Weisheit noch zu schätzen wussten, war ich als Dorflinde bekannt. Das Volk sammelte sich unter meinem Schatten. Es wurde getanzt, Gerichte wurden abgehalten und alles Mögliche gefeiert. Meine Wesenheit brachte Frieden und Freude. Guck dich mal um, wenn du zurück in deine Menschenwelt gehst. An vielen alten Dörfern gab es Restaurants und Treffpunkte die meinen Namen trugen. Zum Beispiel – zur alten Linde – Lindenplatz – zu den Linden – Lindenallee und so weiter. Mein heilsames Wesen wurde in vielen Kulturen gefeiert!"

Sie lächelt ihn freundlich an, spielt mit ihren Ästen in seinem Wuschelkopf, so als würde sie ihm wie eine liebende Mutter über den Kopf streicheln.

Pixie schwebt immer wieder blitzschnell durch den herrlich süßen Duft, den die Linde ausströmt. Sie kann gar nicht genug davon bekommen. Mit geschlossenen Augen genießt sie das sinnliche Aroma der jungen Blütenblätter. Die kleine übermütige federleichte Lichtelfe fühlt sich unter der Linde fast wie zuhause an.

Der Lindenbaum verströmt ähnlichen Zauber, den auch Pixie und die Libelle ausmachen; den Zauber der großen Heilerin. Man könnte den Lindenbaum auch die Hebamme nennen. Sie verhilft zu neuem Leben. Beide, Malachit sowie der Lindenbaum, verhelfen zu ganz neuer Lebensfreude und Gerechtigkeit.

Tashi atmet tief ein, genießt die unglaubliche ihn umgebende Schönheit seines Lieblingsortes.

Wie wahr, wie echt, wie erfüllend ist es doch hier an seinem Kraftort!

Andächtig spielt er mit seinem Geschenk, dem Malachit-Armband. Immer wieder fährt er mit den Fingern über den herrlichen Stein, der unter dieser Berührung richtiggehend lebendig wird. Auch seine Wächter betrachten und berühren den magischen Stein. Eine neue innige Nähe mit Nga und Waka hat sich auf dieser Reise ergeben.

Schmunzelnd beobachtet Tashi, wie ihm Klara freudig über die grünen Felder entgegenhüpft, ihre langen traumhaften Federn hinter sich her schleppend.

Pixie flitzt ihr bereits entgegen, ihre seidenen gold-silbern farbigen Haare im Winde wehend.

Alle genießen sie die stille Zeit, jeder an seinem Ort und auf seine eigene Weise.

Der große Weltenbaum rauscht und raschelt friedlich mit seinen ausladenden Ästen über die ihm angetrauten Schützlinge.

Leise flüstert der Lindenbaum eine letzte Mahnung:

„Du lernst, deine eigene Größe zu akzeptieren. Gehe deinen neuen Weg und wisse, dass Träume erfüllt werden können. Sei frei und lebe deinen Diamanten, der du bist!"

Dann wird es wieder berauschend, harmonisch ruhig.

Die Umpolung, wenn auch schmerzvoll, hat sehr erfolgreich stattgefunden.

MALACHIT

Wirkt auf den ganzen Organismus
Hilft bei Herzbeschwerden
Schmerzlindernd
Krampflösend
Lindert Geburtsschmerzen
Lindert Menstruationsbeschwerden
Lindert Entzündungen
Keuchhusten
Lungenschmerzen
Asthma
Migräne
Bei Lebensüberdruss
Psychosomatische Erkrankungen
Befreit verborgene Gefühle
Stoffwechsel

Und vieles, vieles mehr …

MOLDAVIT

Schützt das Immunsystem
Hilft bei Infektionskrankheiten aller Art
Virenschutz
Asthma
Engegefühle
Magenbeschwerden
Schockerlebnisse
Lebensfreude
Glücksstein
Schenkt Kraft
Hilft gegen Schüchternheit

Partnerschaftliche Harmonie
Fördert das Einfühlungsvermögen
Lässt uns die Unendlichkeit des Geistes erahnen

Und vieles, vieles mehr …

Hommage

Baum, mein treuer Freund
Trotz Sturm und Hadern
Trotz Zerstörung
Du gibst nie auf
Du schenkst mir deinen Schutz
Du schenkst mir deine Gegenwart
Du schenkst mir deine Freundschaft

Du schenkst mir Kraft
Du schenkst mir Erneuerung
Du bringst mich in Harmonie mit mir selbst
Du schenkst mir deine Weisheit

Ich schenke dir Respekt und Bewunderung
Ich achte dich
Ich ehre dich
Baum, mein treuer Freund

Ihr, Bäume, gewaltige Riesen, wir brauchen euch!
Seid geehrt im stillen Zentrum eures Seins
In dieser Stille offenbart ihr eurer Zuhörerschaft
die Geheimnisse und die Mysterien des Buches des Lebens

Band 4

Tashi – Amethyst und Lavendelquarz

Die nächste abenteuerliche Reise steht bereits an für Tashi. Amethyst, der Tashi seit Anbeginn der Zeit, irgendeiner Zeit, begleitet, freut sich, seinen wissensdurstigen Protegé in neue, geheimnisvolle Dimensionen zu führen.

Bewerten Sie dieses Buch auf unserer Homepage!

www.novumverlag.com

Die Autorin

Arobed Assiah wurde in der Schweiz geboren. Viele Jahre arbeitete sie im eigenen Familienbetrieb.
In den neunziger Jahren fiel es ihr zusehends schwerer, als alleinerziehende Mutter in der Schweiz zu leben. Deshalb entschied sie sich, mit ihrem kleinen Sohn nach Neuseeland auszuwandern. Eine radikale Entscheidung, da beide weder Englisch sprachen noch sonst etwas über das Land wussten. Das Land hat sich ihr wieder zurückgeschenkt, es hat die Autorin die Kunst des Lebens gelehrt. Sehr schnell haben sich schlummernde Talente offenbart. Sie startete einen künstlerischen und metaphysischen Neuanfang.
Mittlerweile lebt ihr Sohn mit seiner Familie in Australien. Als stolze Geschichten schreibende „Grandma" lebt sie irgendwo zwischen Himmel und Erde, der Schweiz und ihrer Wahlheimat Neuseeland.
Dies erlaubt ihr, sich mit Liebe und Leidenschaft dem Schreiben und dem Malen zu widmen.

novum VERLAG FÜR NEUAUTOREN

Der Verlag

„*Wer aufhört
besser zu werden,
hat aufgehört
gut zu sein!*

Basierend auf diesem Motto ist es dem novum Verlag ein Anliegen neue Manuskripte aufzuspüren, zu veröffentlichen und deren Autoren langfristig zu fördern. Mittlerweile gilt der 1997 gegründete und mehrfach prämierte Verlag als Spezialist für Neuautoren in Deutschland, Österreich und der Schweiz.

Für jedes neue Manuskript wird innerhalb weniger Wochen eine kostenfreie, unverbindliche Lektorats-Prüfung erstellt.

Weitere Informationen zum Verlag und
seinen Büchern finden Sie im Internet unter:

www.novumverlag.com

Arobed Assiah

Tashi
Rosenquarz und versteinertes Holz

ISBN 978-3-99064-719-6
62 Seiten

Eine fantastische Geschichte um einen sensiblen Jungen, dem sich aus anderen Sphären Erkenntnisse erschließen, die ihm die Kraft vermitteln, in seinem menschlichen Dasein positiv zu fühlen.

Arobed Assiah

Tashi
Reise ins Schattenland

ISBN 978-3-99064-940-4
182 Seiten

Ein Sternenjunge wird auf die Reise zur Erde – ins Schattenland – geschickt, um die Menschen an ihre Regenbogenreise zu erinnern. Zur Vorbereitung auf sein materielles Leben wird er in den jeweiligen Farbdimensionen neukodiert.